| 먼저 읽은 재테크 전문가들이 이 책에 보내는 찬사 |

우리는 모두 돈을 잘 벌고 싶어 하지만, 정작 돈을 어떻게 다뤄야 하는지는 잘 배우지 못한 채 살아간다. 이 책의 저자들은 많은 이가 선망하는 대기업을 떠나, 독서와 실무를 통해 돈의 흐름을 스스로 익혀왔다. 그런 점에서 《평생 부자 머니 플랜》은 사회에 첫발을 내딛는 이들에게도, 현재 자신의 재정 상태를 돌아보고 싶은 이들에게도 든든한 길잡이가 되어줄 것이다. 저자들의 성실한 행보에 깊은 응원을 보낸다.

◆ **고명환** 《고전이 답했다 마땅히 가져야 할 부에 대하여》 저자

'돈 관리가 곧 인생 관리'라는 말처럼 이 책은 단순한 투자 지침서를 넘어 삶의 태도까지 바꾸게 만드는 진정한 '인생 설계서'에 가깝다. 세 명의 저자가 강조하듯, 현금흐름을 지배하는 사람이 결국 인생을 지배한다. 이 핵심 메시지는 책 전반에 걸쳐 다양한 실천 전략으로 구체화된다. 예컨대 주식 투자는 복잡할 필요가 없다. 중요한 것은 단순함과 장기적인 시선, 그리고 시장에 오래 머무는 일이다. 잃지 않는 투자의 핵심은 종목이 아니라 비중 조절에 있다. 부동산 투자 역시 마찬가지다. 이제는 '일상을 사는 집'을 넘어 '돈을 버는 집'으로의 전환이 필요하다. 세금을 줄이고, 대출을 전략적으로 활용하며, 입지를 보는 눈을 기른다면 당

신의 선택은 든든한 자산이 될 것이다. 또한 연금과 보험은 평생 월급을 만들어줄 중요한 도구다. 단순히 준비하는 것을 넘어 전략적으로 설계해야 할 영역이다. 이처럼 이 책은 단순히 돈을 모으는 법만 말하지 않는다. 돈에 대한 태도를 바꾸고, 그 태도를 통해 운명을 복리로 키우는 습관을 만들어준다. 지금 삶의 방향을 바꾸고 싶다면 이 책이 가장 현실적인 출발점이 되어줄 것이다.

◆ **김학렬(빠숑)** 스마트튜브 경제아카데미 소장, 《대한민국 부동산 사용설명서》 저자

이 책은 사회 초년생과 신혼부부가 겪는 현실적인 돈 고민을 쉽고 명확하게 풀어낸다. 가계부로 종잣돈을 모으고, 투자로 자산을 불리며, 그 돈으로 내 집을 마련하고 보험과 연금으로 지키기까지, 돈의 흐름을 단계별로 따라가다 보면 어느 순간 깨닫게 된다. 우리가 불안했던 이유는 돈이 부족해서가 아니라, 돈의 순서를 몰랐기 때문이라는 사실을. 더불어 이 책은 단순히 숫자를 계산하는 방법만을 알려주는 데 그치지 않는다. 통장 잔고보다 삶의 구조를 바라보는 시선을 길러주는 현실적이면서도 따뜻한 재테크 지침서다. 돈 공부가 막막하게 느껴지는 모든 이들에게 일독을 권한다.

◆ **신현강(부룡)** 부와지식의배움터 대표, 《부동산 상승 신호 하락 신호》 저자

《평생 부자 머니 플랜》은 '일해서 돈을 버는 시대'를 넘어, 스스로 평생 월급을 만들어야 하는 지금 시대에 꼭 필요한 지혜를 일깨워준다. 세 명의 저자는 복잡한 금융의 언어를 누구나 이해할 수 있도록 삶의 언어로 풀어내며, 연금과 보험을 단순한 금융 상품이 아닌 은퇴 이후의 나를 지탱해줄 하나의 시스템으로 바라보게 한다. 안정된 노후와 금융적 자립을 꿈꾸는 모든 이들에게 이 책은 든든한 나침반이 되어줄 것이다.

◆ **김호용(미네르바올빼미)** 세무사, 블로그 '미네르바올빼미의 세금 이야기' 운영

재테크와 투자는 이제 선택이 아닌 필수다. 하지만 안타깝게도 우리는 삶에 꼭 필요한 실용 금융 지식을 제대로 배울 기회조차 없이 살아왔다. 그래서 막상 시작하려 해도 어디서부터 어떻게 접근해야 할지 막막한 것이 현실이다. 그런 이들에게 이 책은 현금흐름 관리부터 주식과 부동산, 연금과 보험까지 일생의 자산 관리를 위해 반드시 알아야 할 핵심을 한 권에 담아낸 명쾌한 가이드다. 돈을 모으고 불리고 싶은 모든 독자가 이 책을 통해 돈 걱정을 속 시원히 덜어내길 바란다.

◆ **장의민(수미숨)** 블로그 '수미숨월드' 운영, 《미국주식 처음공부》 공저자

이 책은 종잣돈 마련부터 투자, 내 집 마련, 노후 준비까지의 여정을 실제 사례와 함께 로드맵처럼 체계적으로 안내한다. 저자들의 생생한 재테크 경험담이 담겨 있어 책을 읽다 보면 진정성과 현실감이 고스란히 전해진다. 재테크 초보자가 궁금해할 부동산, 주식, 연금, 세금 등의 핵심 정보를 쉽고 정확하게 정리했다. 연령과 투자 기간에 따른 현실적인 전략까지 담아내 재테크 입문서로 손색이 없다.

◆ **최영민** 상명대학교 경영공학과 특임교수, 《나는 미국 월배당 ETF로 40대에 은퇴한다》 저자

재테크의 기본은 '모으기, 불리기, 지키기'다. 이 책은 그 기본을 누구나 따라 할 수 있도록 세심하고 친절하게 안내한다. 저자들이 강조하는 것처럼 무리하지 않는 선에서 실거주할 집을 마련하고, 우량 미국 주식을 차곡차곡 사 모으며, 꼭 필요한 보험에 가입하고, 노후를 위해 연금을 준비한다면 돈과 관련된 문제에서 큰 시행착오 없이 인생을 보다 안정적으로 살아갈 수 있을 것이다.

◆ **김태홍** 그로쓰힐자산운용 대표이사, 《투자를 위한 투자》 저자

이 책은 단순히 돈을 버는 방법만 알려주지 않는다. 인생의 각 단계에서 돈과 현명하게 관계 맺는 법을 보여주는 따뜻한 인생 지침서다. 소비를 다스리고, 투자에 길을 내며, 노후를 준비하는 과정에서 우리는 결국 '돈 걱정 없는 삶'의 의미를 발견하게 된다. 방향을 잃었을 때 다시 길을 잡아주는 나침반처럼 독자의 재

무 인생에 든든한 길잡이가 되어줄 것이다.

◆ **김범곤** 쿼터백자산운용 WM센터장, 《김범곤의 월 300만 원 평생연금》 저자

세계에서 가장 성공한 인물 중 하나로 꼽히는 맬컴 포브스는 "인생의 100가지 문제 중 99가지의 해답은 돈에 있다."라고 말했다. 실제로 우리 삶을 힘들고 복잡하게 만드는 문제들 대부분은 결국 돈과 직결되어 있다. 그런 점에서 이 책은 평범한 사람들의 눈높이와 행동을 바탕으로 삶을 바꿀 수 있는 실질적인 지혜를 전해준다. 현대를 살아가는 젊은이라면 반드시 읽어야 할 책이다.

◆ **박우종** KB라이프파트너스 본부장

평생 부자 머니 플랜

ⓒ 조기윤·장경훈·임다혜, 2025

이 책의 저작권은 저자에게 있습니다.
저작권법에 의해 보호를 받는 저작물이므로
저자의 허락 없이 무단 전재와 복제를 금합니다.

20대부터 노후까지
'돈 걱정 ZERO' 로드맵

평생 부자 머니 플랜

조기윤 · 장경훈 · 임다혜 지음

비즈니스북스

일러두기
- 본문에서 언급된 주식 종목은 독자의 이해를 돕기 위한 예시이며, 주가는 집필 시점과 다를 수 있습니다.
- 재무 설계와 관련된 예시는 전문가의 감수를 거쳐 근로소득 대비 평균적인 기준을 바탕으로 작성되었으며, 개인의 상황에 따라 달라질 수 있습니다.

평생 부자 머니 플랜

1판 1쇄 발행 2025년 12월 1일
1판 4쇄 발행 2025년 12월 19일

지은이 | 조기윤·장경훈·임다혜
발행인 | 홍영태
편집인 | 김미란
발행처 | (주)비즈니스북스
등 록 | 제2000-000225호(2000년 2월 28일)
주 소 | 03991 서울시 마포구 월드컵북로6길 3 이노베이스빌딩 7층
전 화 | (02)338-9449
팩 스 | (02)338-6543
대표메일 | bb@businessbooks.co.kr
홈페이지 | http://www.businessbooks.co.kr
블로그 | http://blog.naver.com/biz_books
페이스북 | thebizbooks
인스타그램 | bizbooks_kr
ISBN 979-11-6254-448-8 03320

* 잘못된 책은 구입하신 서점에서 바꾸어 드립니다.
* 책값은 뒤표지에 있습니다.
* 비즈니스북스에 대한 더 많은 정보가 필요하신 분은 홈페이지를 방문해 주시기 바랍니다.

> 비즈니스북스는 독자 여러분의 소중한 아이디어와 원고 투고를 기다리고 있습니다.
> 원고가 있으신 분은 ms1@businessbooks.co.kr로 간단한 개요와 취지, 연락처 등을 보내 주세요.

| 프롤로그 |

돈은 내 삶을 안전하게 지키는 힘이다

최근 가장 많이 들리는 말 중 하나가 바로 '양극화'다. 어디에 살고 무슨 일을 하느냐에 따라 우리는 같은 경제 환경 속에서도 전혀 다른 현실을 산다. 2024년은 통계 집계 이래 처음으로 자영업 폐업자 수가 100만 명을 넘어섰고, 2025년에는 500대 기업의 63%가 신규 채용 계획이 없다고 밝혔다. 이처럼 많은 이가 생계를 걱정하며 살지만 월급이 꾸준히 나오고, 투자해둔 주식이 오르며, 성과급까지 받는 직장인들은 경기침체를 체감하지 못하기도 한다. 부동산 시장도 마찬가지다. 서울 아파트가 연일 신고가를 기록한다는 뉴스가 나오지만, 같은 수도권에서도 12억 원이던 아파트가 7억 원으로 주저앉은 곳도 있고, 이렇게 떨어져도 거래조차 안 되는 곳도 있다. 지방 부동산은 여전히 정부의 지원 없이는 버티기 힘들 만큼 암흑기를 보내고 있다. 똑같은 시대를 살지만 누군가는 큰 수익을 얻어 웃고, 누군가는 돈을 잃고 좌절한다. 이것이 바로 지금 우리가 마주한 양극화의 현실이다.

사이클은 반복되고, 기회는 준비하는 사람에게 온다

사실 이런 모습이 그리 낯설지는 않다. 경제가 침체되거나 저성장기에 접어들면 양극화는 늘 심화되어왔기 때문이다.

2008년 금융위기 이후에도 마찬가지였다. 유명 지역 재건축 단지는 오르며 강남과 강북의 집값 격차가 커졌지만, 곧 부동산 PF 부실과 저축은행 부도 사태가 터지면서 강남의 상승은 멈췄다. 그 사이 대구와 부산 부동산이 먼저 상승세를 타며 격차가 좁혀졌다. 그리고 결국 주식과 부동산이 함께 오르는 시기가 찾아왔다. 어려운 시기를 잘 버틴 사람들은 힘들 때 모아둔 자산이 크게 불어나는 기쁨을 누렸다. 이처럼 위기는 늘 누군가에게는 새로운 기회로 작용했다.

지금이 2009~2010년과 비슷하다면, 앞으로 우리가 해야 할 일은 분명하다. 수입과 지출을 관리해 종잣돈을 만들고, 주식과 내 집 마련으로 씨앗을 뿌리며, 연금과 보험으로 미래의 위험에 대비해야 한다. 지금 준비를 어떻게 하느냐에 따라 당장 3년 후도 완전히 달라질 수 있다.

돈 걱정 없는 삶, 균형 있는 투자 습관에서 시작한다

이 책을 쓴 저자 세 명은 10년 전 처음 만났다. 사회 초년생 시절에는 모두 평범하다 못해 다소 어려운 상황 속에서 본업을 열심히 하며 종잣돈을 모으던 사람들이었다. 적은 돈으로 시작해 주식과 부동산에 투자하며 경험을 쌓았고, 때로는 실패도 겪었다. 주식과 부동산 책을 보며 공부하는 과정에서 "대출 받아 집 사면 하우스푸어 된다."는 말과 "주식으로는 큰돈 못 번다."는 엇갈리는 조언을 들으며 갈팡질팡하기도 했다. 하지만 시간이 지나면서 깨달은 것은, 정답은 결코 어느 한쪽에 있지 않다는 사실이었다.

중요한 건 나에게 맞는 '균형'을 찾는 일이었다. 큰 욕심을 부리지 않고 기본을 지키면서 일상에서 유지할 수 있는 투자 습관을 쌓아가는 것. 그것이 결국 내 자산을 지키고, 돈 걱정을 덜어내는 가장 확실한 길이었다.

우리는 많은 시행착오 끝에 이러한 사실을 깨닫게 되었지만, 이 책을 읽는 독자 분들은 같은 시행착오를 반복하지 않기를 바란다. 지금부터 아낀 시간과 여유를 가족과의 행복으로 채워가며 돈 걱정 없는 삶을 만들어가길 바란다.

| 평생 돈 걱정이 사라지는 20-50 머니 플랜 |

비혼 1인 가구
월급 280만 원으로 시작하는 20대 머니 플랜

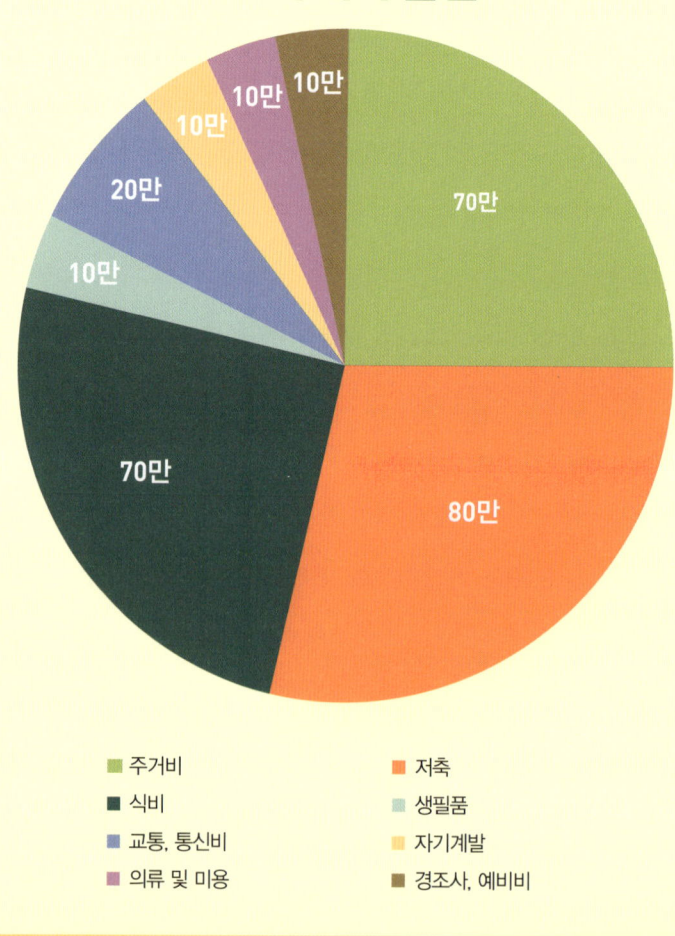

- ■ 주거비
- ■ 식비
- ■ 교통, 통신비
- ■ 의류 및 미용
- ■ 저축
- ■ 생필품
- ■ 자기계발
- ■ 경조사, 예비비

* 급여: 세후 280만 원(연봉 약 3,700만 원)

플랜 1. 짠테크로 3년 동안 종잣돈 3,000만 원 모으기

항목	비고	금액
주거비 [전세자금 대출이자 또는 월세]	'LH청년전세임대주택'과 'SH청년안심주택'에 지원 자격이 된다면 최우선적으로 신청해보고, 자격이 되지 않는다면 청년을 대상으로 하는 기금대출(청년전용 버팀목전세대출 등)을 이용하여 저금리 전세대출을 받도록 한다. 또한 직장에서 거리가 좀 있더라도 저렴한 전월세를 구해 관리비 포함, 수입의 25%를 넘지 않도록 눈높이를 낮춰 주거비를 세팅하는 것이 중요하다.	70만 원
저축	3,000만 원의 종잣돈은 월 80만 원씩 4%의 금리로 36개월 동안 적금을 들어야 만들 수 있다. 시중 은행의 각종 청년 적금 상품은 납입 한도 제한이 있지만 우대금리를 제공한다. 월 80만 원을 나눠 청년 적금 상품에 가입, 최소 4% 이상의 적금금리를 챙겨보자.	80만 원
식비	짠테크를 가장 많이 할 수 있는 분야다. 일주일에 한두 번이라도 점심 도시락을 싸가서 먹고, 배달 음식 및 외식은 될 수 있는 한 자제해보자. 낭비되는 식재료가 없도록 계획적으로 장을 보는 습관을 들이자.	70만 원
교통, 통신비	교통요금 할인 혜택(기후동행카드, K패스 등)을 꼼꼼히 챙기고 휴대폰 요금은 알뜰폰 요금제로 변경, OTT 서비스는 꼭 원하는 한 개만 구독하도록 하자.	20만 원

TIP 1.

종잣돈 3,000만 원을 모을 때까지는 투자보다는 적금을 추천한다. 매달 규칙적으로 납입해서 저축 체력을 기를 수 있는 좋은 기회이며, 손실없이 확실한 종잣돈 마련이 가능하다. 네이버페이 예적금 비교에서 청년 적금을 검색하면 1금융권의 청년 적금 금리와 우대금리 조건을 손쉽게 알아볼 수 있다.

비혼 1인 가구

자산 2억 원으로 불려나가는 30대 머니 플랜

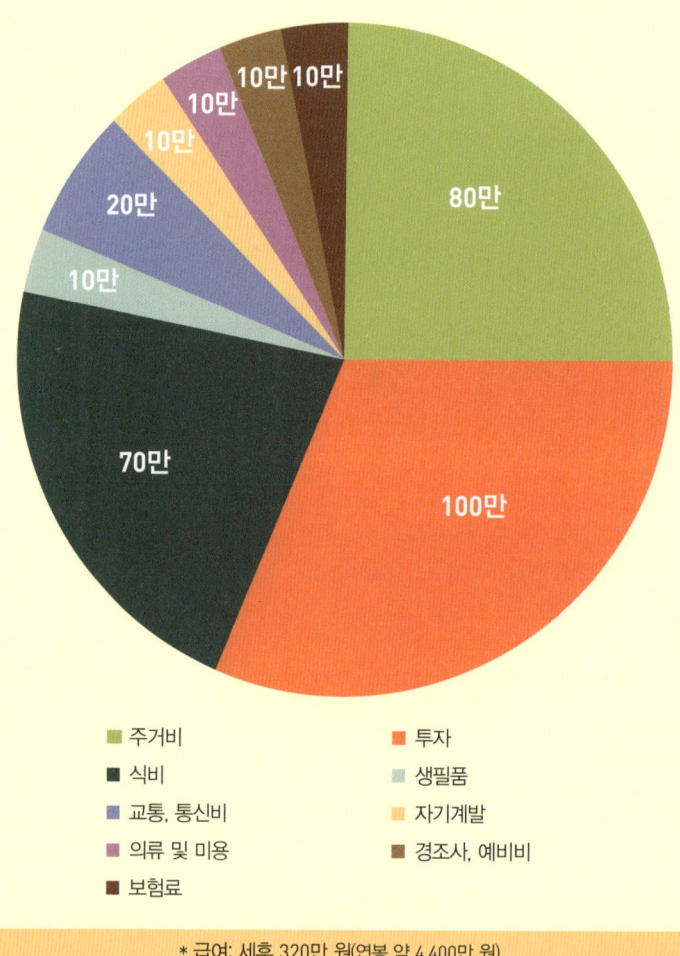

* 급여: 세후 320만 원(연봉 약 4,400만 원)

플랜 2. 투자로 10년 동안 2억 원 만들기

항목	비고	금액
투자 [ISA계좌]	10년간 장기투자를 목적으로 한다면 안정적인 수익률을 추구하기 위해 미국의 대표적인 지수인 S&P500과 나스닥100을 추종하는 국내 상장 ETF에 반반씩 투자하는 것을 고려해볼 수 있다. ISA계좌에서 투자한다면 수익금의 일정 금액(200만 원, 서민형은 400만 원)까지 비과세되고, 그 이상 초과 시에도 분리과세되는 장점이 있다. 따라서 3년마다 해지 후 재가입하여 비과세 혜택 한도를 다 챙기는 것이 좋다. 예: KODEX 미국S&P500(40만 원), KODEX 미국나스닥100(40만 원)	80만 원
투자 [연금저축펀드]	내 집 마련 전이라 노후 준비 여력은 없으나 소액이라도 연금저축펀드계좌에 넣는 것을 추천한다. 세액공제 혜택을 챙겨 재투자하는 효과를 누릴 수 있으며 40대에 본격적으로 은퇴 자금을 투자할 때 마중물이 되어줄 것이다. 예: KODEX 미국S&P500(10만 원), KODEX 미국나스닥100(10만 원)	20만 원
보험료	젊을 때 가입할수록 보험료가 저렴하므로, 가능한 일찍 가입하는 것이 좋다. 회사에서 단체 실비보험 가입 혜택을 제공하는 경우라면 그 혜택을 적극적으로 이용하도록 하자.	10만 원

* 연평균 투자 수익률: 약 10% 가정(S&P500 약 7~10%, 나스닥100 약 12~15%)

TIP 2.

경력이 쌓이며 느는 월급의 많은 비중을 투자와 저축에 최대한 할애해야 한다. 다른 분야의 지출은 최대한 통제하며 40대에 내 집 마련을 하기 위한 목돈 마련에 힘써야 한다.

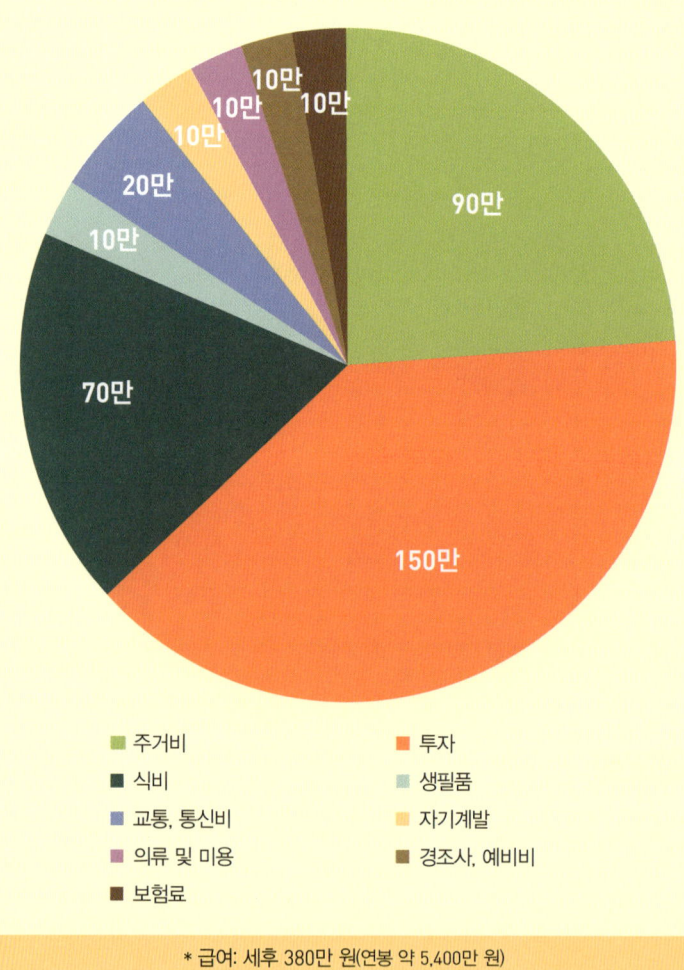

플랜 3. 주택담보대출을 활용하여 내 집 마련하기

항목	비고	금액
주거비 [주택담보 대출이자]	2억 원의 대출을 30년간 3.5%의 금리로 주택담보대출을 받는 경우 매월 원리금 상환액은 90만 원 정도 된다. 주택 가격이 물가 상승률 이상으로 상승할 경우 이 원리금 상환액은 자동적으로 저축 및 투자가 되는 효과를 얻게 된다. * 내집마련디딤돌대출, 만 30세 이상 미혼 단독세대주 대출 한도: 생애최초주택 구매 시 2억 원 이내	90만 원
투자 [연금저축 펀드]	비혼 1인 가구의 경우, 상대적으로 빠르게 노후 준비를 할 수 있다는 장점이 있다. 따라서 지출을 통제하여 은퇴 후 인출할 연금자산을 키우는 데 주력해야 한다. 연금저축펀드와 IRP계좌의 연간 불입한도는 1,800만 원으로 제한되어 있으므로 최대 세액공제 혜택을 위한 IRP계좌 300만 원을 제외한 1,500만 원을 연금저축펀드에 불입한다. 이때 미국의 대표적인 지수인 S&P500과 나스닥100을 추종하는 국내 상장 ETF에 기존처럼 반반씩 투자를 이어나가는 것을 추천한다. 또한, 연금저축펀드에서 세액공제 받지 않은 원금의 경우에는 페널티 없이 중도인출이 가능하므로 일단 최대한 넣는 것을 목표로 하자. 예: KODEX 미국S&P500(60만 원), KODEX 미국 나스닥100(65만 원)	125만 원
투자 [IRP 계좌]	연 300만 원을 IRP에 불입, 최대 세액공제 혜택을 챙기는 것이 좋다. 투자상품은 연금저축펀드와 동일하게 가져가는 것이 좋으나, IRP의 경우 투자 금액의 30%는 안전자산에 투자해야 하는 규정이 있다. 이를 위해 IRP 투자 금액의 30%를 미국 나스닥100 지수를 추종하는 동시에 미국 단기국채에 혼합하여 투자하는 ETF 상품에 불입하는 것을 추천한다. 예: KODEX 미국나스닥100(9만 원), KODEX 미국S&P500(8만 원), ACE 미국나스닥100채권혼합액티브 ETF(8만 원)	25만 원

TIP 3.

청약통장에 가입, 1순위 청약자격을 만든 후 적극적으로 청약해보는 것이 중요하다.
또한 각종 정책대출제도(보금자리론, 디딤돌대출, 생애최초대출)를 이해하고 활용해보자.

맞벌이 3인 가구

출산&육아를 슬기롭게 넘기는 30대 머니 플랜

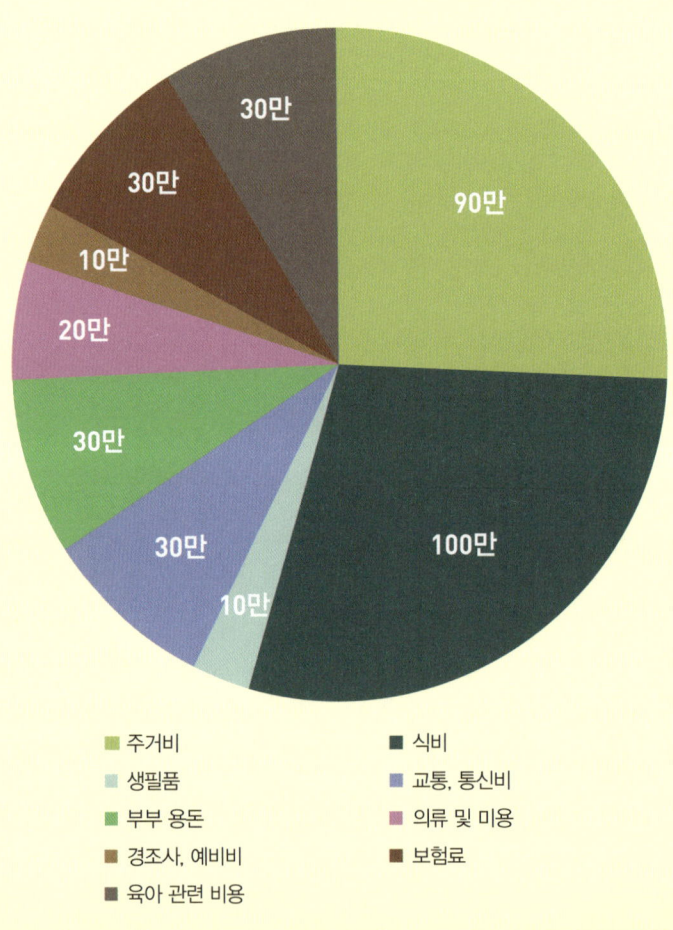

- 주거비
- 생필품
- 부부 용돈
- 경조사, 예비비
- 육아 관련 비용
- 식비
- 교통, 통신비
- 의류 및 미용
- 보험료

* 급여: 세후 350만 원
(연봉 약 4,800만 원, 배우자 및 20세 이하 미성년 자녀 한 명 부양가족 공제 적용)

플랜 1. 출산&육아로 인한 경제적 빈곤기 슬기롭게 넘기기

항목	비고	금액
주거비 [전세자금 대출이자]	결혼 후 출산으로 외벌이 전환 또는 육아 도우미 비용을 고려해 전세자금대출 규모를 산정해야 한다. 또한 대출이자와 관리비를 합쳐서 한 사람 월급의 약 25% 정도로 주거 관련 고정비를 세팅하는 것이 좋다.	90만 원
식비	식비를 아끼면 다른 부분에 생활비를 더 할당하거나 예비비로 모아놓을 수 있다. 아이가 너무 어릴 때는 외출이 어려우니 외식과 배달 음식은 될 수 있는 한 자제하는 것이 좋다. 유튜브 등을 통해 중복되는 식재료로 요리 가능한 식단을 참고하여 낭비되는 식재료가 없도록 계획적으로 장을 보는 습관을 들이자.	100만 원
부부 용돈	주말에 기분 전환을 위한 문화생활 등은 부부 용돈 한도 내에서 지출하는 습관을 들여보자.	30만 원
보험료	장기간 지출이 필요한 보험료는 매월 과하지 않은 선으로 세팅하며, 실비보험은 반드시 가입하도록 한다. 회사에서 단체 실비보험 가입 혜택을 제공하는 경우 그 혜택을 적극적으로 이용하자.	30만 원
육아 관련 비용	첫아이라는 특별함에 아이 관련 소비를 과하게 하는 경향이 생긴다. 브랜드 의류, 체험성 사교육은 지양하는 것이 좋다. 정부에서 지급하는 각종 육아 지원금(아동수당, 양육수당, 부모급여)를 최대한 활용하여 이 부분의 지출은 아끼고 남겨서 가능하면 아이 앞으로 따로 통장을 만들어 모아두는 것을 추천한다.	30만 원

TIP 1.

아이가 유치원에 들어가는 5세까지는 외벌이로 전환되거나 맞벌이를 하더라도 육아 도우미 비용이 지출된다. 이 시기는 저축을 잠시 멈추더라도 한 사람의 월급(약 350만 원 예시)으로 생활비가 펑크 나지 않도록 가계를 운용하는 데 집중하고, 추후 맞벌이로 전환할 경우 나머지 한 사람의 월급은 모두 저축을 하자.

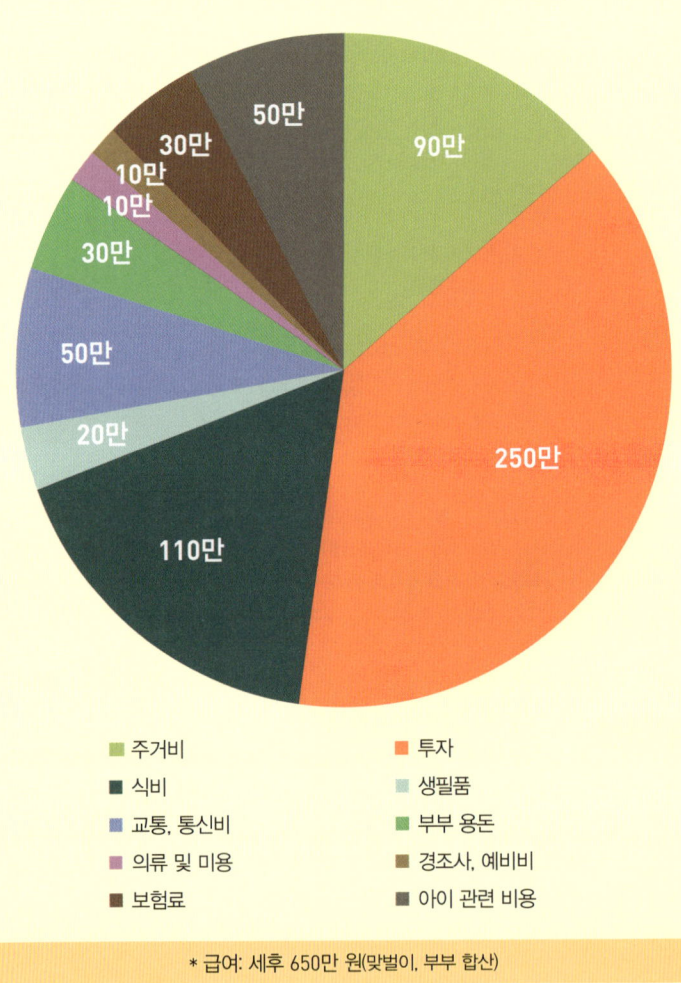

플랜 2. 내 집 마련을 통해 실거주 안정성 확보하기

항목	비고	금액
주거비 [전세자금 대출이자 또는 주택담보 대출이자]	아이가 어느 정도 자라면 3~4년 단기투자 후 내 집 마련을 하는 것이 좋다. 청약제도, 각종 정책대출제도(보금자리론, 디딤돌대출, 생애최초대출 등)를 적극적으로 이용하자. 내 집 마련 전에 전세자금대출 규모나 추후 주택담보대출 규모는 기존의 주거 관련 지출 한도 내에서 세팅하는 것을 추천한다.	90만 원
투자 [ISA계좌]	내 집 마련을 위한 중·단기 목적 자금 마련을 위한 투자로는 ISA 계좌를 이용하는 것이 좋다. ISA의 경우 수익금의 일정 금액(200만 원, 서민형은 400만 원)까지 비과세되고 그 이상 초과 시에도 분리 과세되는 장점이 있다. ISA를 개설하여 연평균 8%의 수익률을 내면서 변동성이 적은 것으로 알려진 영구 포트폴리오(주식 25%, 채권 25%, 금25%, 현금 25%)로 운용해보자. 단 1년에 한 번 각 자산군의 비중을 유지하기 위한 리밸런싱은 필수다. 예: KODEX 미국나스닥100(55만 원), KODEX 미국10년국채선물(55만 원), ACE KRX금현물(55만 원), TIGER 미국달러SOFR금리액티브(합성)(55만 원)	220만 원
투자 [연금저축 펀드]	은퇴 후 인출할 연금자산 투자의 핵심은 소액이라도 장기간 투자하여 복리효과를 최대한 길게 누리는 데 있다. 따라서 내 집 마련 전이라도 연금저축펀드계좌에 불입하는 것을 추천한다. 세액공제 혜택을 챙겨 재투자하는 효과를 누릴 수 있으며, 50대에 본격적으로 은퇴 자금을 투자할 때 마중물이 되어줄 것이다. 예: KODEX 미국S&P500(15만 원), KODEX 미국나스닥100(15만 원)	30만 원
아이 관련 비용	무분별한 사교육비 지출은 지양하고 어릴 때부터 인터넷 강의를 통해 자기주도형 학습 습관을 길러주는 것이 좋다. 또한 고가의 휴대폰, 전자기기 등 친구들에 휩쓸리지 않는 소비 습관 및 경제 개념에 대한 교육을 통해 아이 관련 비용을 너무 많이 지출하지 않는 것이 중요하다.	50만 원

맞벌이 3인 가구

자산 불리기&노후 준비를 병행하는 50대 머니 플랜

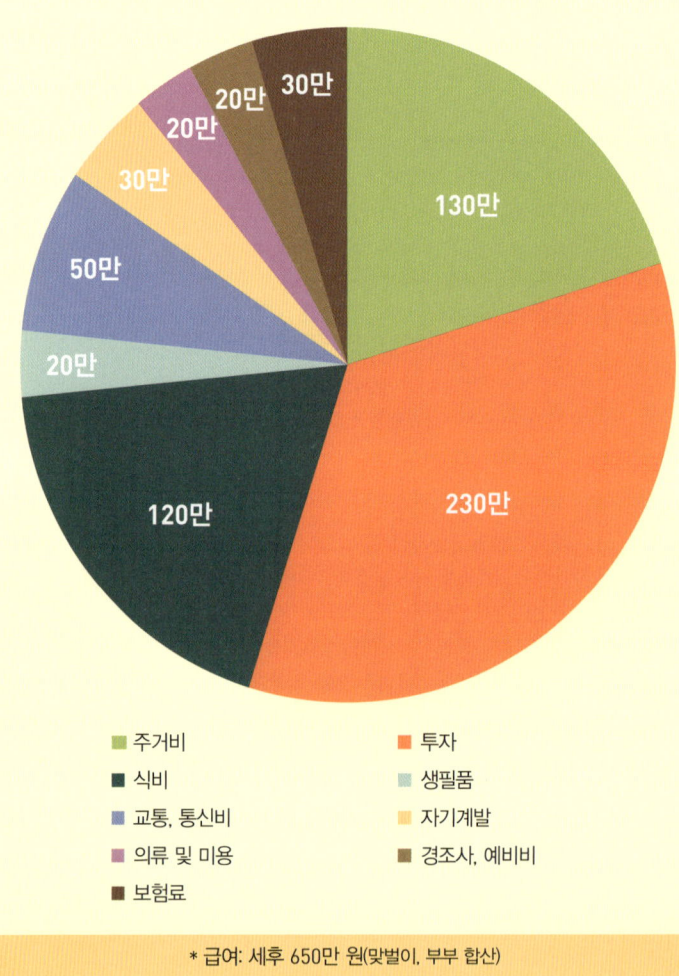

- 주거비
- 투자
- 식비
- 생필품
- 교통, 통신비
- 자기계발
- 의류 및 미용
- 경조사, 예비비
- 보험료

* 급여: 세후 650만 원(맞벌이, 부부 합산)

플랜 3. 상급지 갈아타기를 통한 자산 불리기 및 노후 준비

항목	비고	금액
주거비 [주택담보 대출이자]	현재 거주하는 집과 상급지 집값의 갭이 최소화되는 하락기 때 갈아타기를 해서 부동산 자산을 한 번 정도는 점프시켜보자. 하락기 때는 대출 규모를 조금 늘려 여력 내에서 제일 상급지를 매수한다.	130만 원
투자 [ISA계좌]	50대 때는 소득은 늘고 아이 대학 진학 후 아이 관련 비용이 줄기 때문에 은퇴 전 투자 여력이 제일 높은 시기다. 혹시 모를 중·단기 자금 마련을 위해 ISA를 활용하여 영구 포트폴리오로 운용해보자. 은퇴 후 남은 주택담보대출을 상환하거나 연금저축펀드로 전환하여 연금자산으로 활용할 수 있다. 각 자산에 25%씩 배분하고, 1년에 한 번 각 자산군의 비중을 유지하기 위한 리밸런싱은 필수다. 예: KODEX 미국나스닥100(39만 원), KODEX 미국10년국채선물(39만 원), ACE KRX금현물(39만 원), TIGER 미국달러SOFR금리액티브(합성)(38만 원)	155만 원
투자 [연금 저축펀드]	주택담보대출을 상환하면서 가능한 최대한도로 노후 준비를 병행해야 한다. 세액공제 혜택을 위한 IRP 300만 원 외에 600만 원을 연금저축펀드에 불입하여, 미국의 대표적인 지수인 S&P500과 나스닥100을 추종하는 국내 상장 ETF에 기존처럼 반반씩 투자를 이어 나가는 것을 추천한다. 예: KODEX 미국S&P500(25만 원), KODEX 미국나스닥100(25만 원)	50만 원
투자 [IRP계좌]	연 300만 원을 IRP에 불입, 세액공제 혜택을 최대로 챙기는 것이 좋다. 투자상품은 연금저축펀드와 동일하게 가져가는 것이 좋으나, IRP의 경우 투자 금액의 30%는 안전자산에 투자해야 하는 규정이 있다. 이를 위해 IRP 투자 금액의 30%를 미국 나스닥100 지수를 추종하는 동시에 미국 단기국채에 혼합하여 투자하는 ETF 상품에 불입하는 것을 추천한다. 예: KODEX 미국나스닥100(9만 원), KODEX S&P500(8만 원), ACE 미국나스닥100채권혼합액티브ETF(8만 원)	25만 원

| 차례 |

프롤로그 | 돈은 내 삶을 안전하게 지키는 힘이다 ··· 09
평생 돈 걱정이 사라지는 20-50 머니 플랜 | 비혼 1인 가구 & 맞벌이 3인 가구 ··· 12

[현금흐름] 돈 관리가 인생 관리다

인생을 복리로 굴리는 습관을 시작하라 ··· 31
'작은 부자'의 돈 그릇도 충분히 크고 단단하다 ··· 42
`돈 관리 인생 관리 1단계` 현재 자산이 얼마인지 파악하라 ··· 53
`돈 관리 인생 관리 2단계` 매달 지출액의 규모를 알자 ··· 59
`돈 관리 인생 관리 3단계` '미래의 나'에게 필요한 비용 이미지화하기 ··· 68
`돈 관리 인생 관리 4단계` 고정비와 변동비 관리로 월 30만 원 아끼는 법 ··· 80
`돈 관리 인생 관리 5단계` 부수입과 통장 관리로 월 20만 원 만드는 법 ··· 89

[주식 투자]
방법은 쉽게, 시간은 길게, 수익은 크게

실질금리 마이너스의 시대에 필요한 투자는?	⋯ 103
초보일수록 미국주식이 답이다	⋯ 110
'종목'보다 중요한 '지수 감각'을 기르자	⋯ 116
모르면 손해 보는 미국장 거래 시 주의사항	⋯ 121
정답 없는 주식시장, 나에게 맞는 종목 고르는 법	⋯ 129
초보부터 베테랑까지 투자자의 영원한 친구, ETF	⋯ 136
잃지 않는 투자의 핵심은 '비중'에 있다	⋯ 146
양도소득세 줄이는 미국주식 실전 투자 꿀팁	⋯ 155

[부동산 투자]
사는 집을 돈 버는 집으로 만들기

전·월세는 '남의 집'이 아닌 '내 집'의 빌드업이다	···163
부동산 투자 공부 1 경제 상황과 수요·공급의 흐름 읽기	···174
부동산 투자 공부 2 부동산 투자의 시작과 끝, 입지란 무엇인가	···183
반드시 체크해야 할 세 가지 돈: 대출, 시세차익, 세금	···199
실거주자의 상급지 갈아타기 필승 노하우	···207
따박따박 매달 현금 받는 월세 소득 실현법	···214
부동산 투자, 아는 것만 잘해도 충분하다	···220

제4장
[노후 준비]
평생 월급을 만드는 연금 & 보험 세팅 전략

모으고 불렸다면 이젠 '지켜야' 할 때 ··· 229

오늘부터 준비하는 노후, 연금저축펀드와 ISA ··· 235

퇴직 후 소득 공백을 메울 튼튼한 '3층 시스템'을 구축하라 ··· 245

연금 활용의 핵심은 전략적인 적립과 인출이다 ··· 253

65세 이후, 국민연금과 주택연금으로 소득의 층수를 올리자 ··· 259

친한 동생에게만 알려주는 가장 현실적인 노후 플랜 ··· 268

부록 | Q&A로 보는 자녀 주식계좌 세팅법과 증여 노하우 ··· 276

에필로그 | 나만의 속도로 완주하는 돈 걱정 없는 삶 ··· 285

제1장

[현금흐름]

돈 관리가 인생 관리다

우리는 눈을 뜨고 일어나 잠들 때까지
매 순간 숨 쉬듯 '소비'를 한다.
그러나 많은 사람이 자신이 매일 얼마를 쓰는지,
또 얼마를 모으는지 제대로 파악하지 못한다.
소비와 저축은 단순한 경제활동이 아니다.
인생의 크고 작은 목표를 이뤄가는 데 필요한 '나침반'이다.
돈에 대해 가지고 있는 잘못된 고정관념을 뒤집고
간단한 가계부 작성으로 인생 전반을 관리하는 습관을 가져보자.
매일 쌓이는 작은 습관이
어떻게 인생의 궤도를 바꾸고 미래를 바꾸어놓는지 알게 될 것이다.

인생을 복리로 굴리는
습관을 시작하라

나에게는 열 살 어린 막냇동생이 있다. 아무래도 나이가 열 살이나 차이 나다 보니 인생 선배로서 동생에게 이런저런 삶의 조언들을 해주는 편이다. 동생은 20대 중반에 취업을 하고, 이후 30대가 되어 결혼을 하고 두 명의 아이를 낳는 등 삶의 중요한 전환점들을 여러 번 지나왔다. 그렇게 중요한 결정들을 앞둔 순간순간마다 동생이 던지는 질문들을 들어보면 새삼 깜짝 놀라곤 한다. 동생과 다른 시대를 살았던, 10년 전 내가 던졌던 질문과 너무나 비슷했기 때문이다.

나 역시 그 나이 때 똑같은 질문을 던지고, 똑같은 고민을 했었다. '지금도 월급만 갖고 사는 게 이렇게 빡빡한데 평생 이렇게 허덕거리며 살아야 하는 걸까?', '애 낳고 번듯하게 살려면 돈이 많이 필요하다는데 난 이미 늦은 것 아닐까?' 그런 까닭에 그 근간에 자리 잡은 불안의 정체도 아주 잘 알고 있다.

작은 '틈'이 인생의 궤도를 바꾼다

과거 나도 동생과 같은 고민을 했었다. 첫 직업이었던 교직원은 남들 눈엔 안정적인 직업이었지만 새벽같이 일어나 인천에서 충청도까지 출퇴근하며 받는 200만 원 초반의 월급은 결코 안정적인 느낌을 주지 못했다. 심지어 집안의 빚을 갚는 데 보태고 나면 수중에 남는 게 없었다. 남는 게 없는 정도가 아니라 아침이면 차비가 없어 이웃에게 돈을 빌려 출발한 날도 부지기수였다. 잘살아보려고 했다가 IMF로 사업이 부도나며 생긴 빚 때문에 부모님도, 장녀인 나까지도 신용 문제로 카드를 쓸 수가 없었기 때문이다.

좀 더 나은 삶이 있을까 싶어 적은 금액이지만 당시 유행하던 펀드에 가입해 종잣돈을 모으며 주말에는 부동산 강의를 쫓아다녔다. 그러나 그것마저 2008년 금융위기가 터지며 모든 게 물거품으로 돌아갔다. 다시 시작해보자 싶어 여의도로 이직도 하고 고금리를 찾아 저축은행 적금에 가입했지만, 내 노력을 비웃기라도 하듯 2012년 저축은행 사태가 터졌다. 절실해 보인다며 도와주고 싶다는 지인들의 추천에 찾아갔다가

다단계에 갇혀서 싸우고 탈출한 적만 세 번이다.

그런 일련의 사건들을 겪으면서 나를 가장 힘들게 했던 부분은 당장 점심을 먹지 못하는 배고픔이 아니라 미래도 지금과 크게 다르지 않을 것 같다는 '막막함'이었다. 하지만 40대가 되고 나니 그때의 나에게 이제는 확실히 말할 수 있다. 아무 변화 없이 제자리인 것 같아도 그때의 작은 노력들이 '틈'을 벌렸고, 시간이 흘러 인생의 궤도를 완전히 바꾸어놓았다고 말이다.

출퇴근 시간이 길어서 오가며 매일 한 권씩 읽었던 책, 점심시간에 공짜로 봤던 회사에 비치된 경제신문, 종잣돈을 만들기 위해 매달 8만 원으로 버텼던 식비, 옷값을 아끼기 위해 시장 뒷골목 헌 옷 가게에서 3,000원에 샀던 셔츠, 체험단이 되면 외식을 해결할 수 있겠다 싶어 시작한 블로그 등 나도 모르는 사이 그 시기에 생긴 종잣돈과 저축 습관이 평생 복리로 쌓이면서 불어나고 있었다.

경제신문을 보다 보니 부동산 거래가 잘 안 되고 있다는 소식이 눈에 들어왔고, 매일 검색하던 아파트에 급매가 나온 것을 알게 되어 그동안 모은 종잣돈으로 바로 계약금을 넣을 수 있었다. 부동산 책을 보며 공부를 하다 주말에 구경 갔던 아파트의 전세가와 매매가가 거의 차이가 나지 않는다는 사실을 깨닫고 투자도 시작했다. 그렇게 외곽의 작은 아파트부터 시작해 차근차근 갈아타면서 서울에 아파트를 장만할 수 있었다. 투자를 하며 블로그에 쓴 소소한 글이 쌓여 책을 내게 되었고 지금은 책과 강의로 월급 이상의 수입을 만들고 있다. 아침이면 단톡방에서 서로 짠테크나 고금리 예·적금 정보를 주고받고, 커피는 만보기 앱의 포인트를 모아 마시지만 써야 할 땐 걱정 없이 쓰기도 한다.

인천의 1억 원 미만 오래된 복도식 17평 아파트에서 신혼을 시작한 둘째 동생도 나와 상황이 비슷하다. 동생은 겨울에도 집에 난방을 돌리지 않아 온도가 14도까지 떨어지고는 했다. 난방을 켜도 어차피 꼭대기 층이라 추운 건 매한가지라, 난방비라도 아끼자 싶었다고 한다. 맞벌이를 할 때는 한 사람 월급으로 살고 한 사람 월급은 그대로 저축하며 내 집 마련을 했고, 지금은 넓은 집에 살면서 좋은 차로 출퇴근하고 있다. 저축하는 습관이 남아 여전히 저축을 열심히 하지만, 캠핑도 하고 오래 쓸 좋은 물건에는 돈을 아끼지 않으며 편안하게 살고 있다.

20대 때부터 꾸준히 주식 투자에 관심을 갖고 엔비디아 주식을 조금씩 모아나간 한 친구는 30대인 현재 억대 수익을 맛보았다. 저렴한 알뜰폰 요금제나 높은 이율의 적금상품이 나오면 갈아타기를 하는 똑순이 친구 또한 30대에 원하는 규모의 종잣돈을 모았고 자녀를 위해 학군 좋은 곳에 이사 갈 집을 마련했다. 이처럼 인생 초반에 집중적인 노력을 해나가다 보면 어느 순간, 경제 순환의 사이클을 만나 폭발적인 결과가 나오곤 한다.

재밌는 점은 지금도 그때처럼 부동산은 비슷한 사이클이 반복되고 있고 주식도 여전히 정치적, 경제적 이슈로 1년에 한두 번은 꼭 매수 타이밍이 찾아온다는 것이다. 아마 그 시절의 내가 그랬듯, 서점 재테크 코너에서 책을 다 읽었는데 왜 달라진 게 하나도 없냐고 우는 사람들이 지금도 있을 것이다. 그런 사람들에게 나는 반드시 원하는 인생을 만들 수 있다고 말해주고 싶다. 당장은 아무 변화 없이 제자리인 듯 보여도 지금의 이 노력이 분명 '틈'을 만들 것이라고, 그리고 그 틈이 미래에 커다란 차이를 만들어낼 것이라고 말이다.

돈에 대한 불안은 구체적인 숫자로 지우자

직장인 시절, 나는 또래 회사 동료들의 고민을 종종 들어주고는 했다. 20대 후반~30대 초반의 동료들 중 몇몇이 회사 근처에서 월세 100만 원이 넘는 오피스텔에 거주하고 있었다. 월세랑 생활비를 내고 나면 저축할 돈이 없는 게 고민이라기에 회사 앞 지하철 라인의, 조금 멀지만 관리비 낮은 아파트나 빌라를 추천했다. 그러자 동료는 길에서 시간을 버리고 싶지 않다며 거절했다. 그럼 가까운 곳에 살아서 아낀 시간만큼 사이드잡을 해보면 어떻겠냐고 물어보니 그렇게까지는 하고 싶지 않다고 했다. 월세를 계속 내느니 차라리 작은 평수를 매입해보라고 권하자 이번엔 우리에게 누가 대출을 해주겠냐며 무서워서 싫다고 했다.

동료와 대화를 나누며 나는 그가 알지 못하는 분야에 대한 막연한 두려움을 갖고 있다는 사실을 깨달았다. 당시 그와 같은 나이였던 나는 경매를 배우고 있었고, 이미 작은 아파트를 매입해 대출이자를 10만 원 이내로 내면서 살고 있었다. 심지어 동료들은 정규직이었고 나는 이직하면서 업을 바꾸기 위해 계약직부터 시작하느라 우리 집 맞벌이 수입이 동료 한 명의 수입과 비슷했는데 말이다. 둘이 합쳐 월 400만 원의 수입에서 절반 정도를 저축하고 양가 용돈도 드리고 있다고 말하면 내 수입이 너무 드러날 것 같아 부끄럽다는 생각에 당시에는 가만히 듣고만 있었다. 그렇게 시작된 대화는 결혼할 때 부모님이 1~2억 원 정도밖에 못 해준다는데 그걸로는 전세도 못 구하겠다며 결혼은 사치이니 혼자 살아야겠다는 동료의 푸념을 들으며 마무리되곤 했다.

주변에서 이런 사람들의 얘기를 들을 때면 '나는 흙수저라 이번 생은 어차피 글렀고, 금수저로 다시 태어나지 않는 이상 희망이 없는 것일까?' 하는 생각이 들곤 했다. 수십 억 원짜리 아파트를 척척 사고 주말마다 여행 다니면서 10억 원쯤은 있어야 남들만큼 사는 중산층인 것 같은데 말이다. 그런데 정말 나만 뒤처진 것일까?

〈한국경제신문〉에서 2022년 실시한 '중산층에 대한 인식' 설문 조사를 살펴보면 사람들이 생각하는 중산층의 평균 연봉은 8,232만 원(월 686만 원), 자산 규모는 최소 9억 4,461만 원이었다. 또한 '부자'라고 말할 정도의 자산 규모는 38억 8,400만 원이었다. 2024년 한국개발연구원에서 나온 〈한국의 중산층은 누구인가〉(황수경 연구원, 이상근 교수) 보고서에도 월소득 700만 원 이상 고소득 가구 중 76.4%가 자신을 중산층이라고 답했다.

하지만 다음 통계청 자료를 살펴보면 가구별 순자산 평균은 4억 5,000만 원 정도다. 39세까지는 절반 정도인 2억 원 초반대가 평균이고 40대에

▶ 연령대별 평균 자산

늘어나는 소득을 잘 모은다면 이때 모은 4억 5,000만 원이 남은 인생까지 쭉 이어지는 경향이 있다.

이러한 점에서 보면 우리가 생각하는 것과 현실 사이에는 괴리가 있고, 우리가 우리의 생각보다 그렇게 나쁜 상황은 아니라는 점을 알 수 있다. 20대 때 직장을 구하느라 고전하더라도 30세부터 49세까지 20년간 부부가 각자 월 70만 원씩 4% 금리의 적금만 꾸준히 넣을 수 있다면 49세에 4억 5,000만 원을 만들 수 있다. 70만 원이라는 금액이 적진 않지만 어떻게든 만들겠다고 생각하면 주말 아르바이트를 해서라도 만들 수 있는 현실적인 금액이다. 오직 포기하지 않고 꾸준히 지속만 한다면 중간 이상의 준비를 할 수 있는 것이다.

예를 들어 60대 중반이 되었을 때 더 이상 직장과 가까울 필요가 없어 경기도나 인천, 또는 꿈꾸는 바닷가 근처로 이사해 4억 5,000만 원 정도의 실거주 집을 대출 없이 마련해놓는다고 해보자. 그렇다면 주택연금으로 약 월 100만 원을 받을 수 있다. 4억 5,000만 원짜리 집은 젊은 시절 최대한 저축하여 연 2,500만 원씩 4년간 모아 각자 1억을 만든 두 사람이 결혼해 2억을 만든 후, 대출 2억 5,000만 원을 받으면 충분히 살 수 있다. 3.5%의 금리로 월 125만 원을 25년 동안 갚아나간다면 노후가 시작될 때는 대출 없는 온전한 집을 소유하게 된다. 그 사이 집값이 상승한다면 인플레이션 방어도 가능한 셈이다. 또 남편이 그동안 열심히 근무하여 국민연금을 20년 납입하고 아내 또한 맞벌이 또는 임의가입으로 최소 기간인 10년을 채운다면 부부 둘이 합쳐 월 200만 원 정도의 수입을 얻을 수 있다. 자식들에게 큰돈을 물려주겠다는 생각만 하지 않으면 두 사람이 충분히 생활할 수 있는 금액이다.

맞벌이가 아닌 1인 비혼 가구인 경우에도 상황은 나쁘지 않다. 부모님과 집에서 함께 살면서 생활비를 아끼고 거주를 해결한 후, 월 300만 원 정도의 수입을 30년 동안 유지한다면 국민연금으로 90만 원 정도를 받을 수 있다. 거기에 틈틈이 개인연금이나 월세, 배당주 세팅 등으로 월 50만 원을 추가로 받을 수 있게 한다면 혼자서도 충분히 생활이 가능하다. 실제로 동네에서 친해지게 된 70대 할머니 한 분이 이렇게 살고 계신다. 그분은 남편과 사별하고 혼자 있는 친구들과 모여 대출 없이 인천 지역의 한 빌라를 실거주용으로 구입했다. 옆 동에 작은 빌라 하나를 더 매입해 월세를 받고 있는데, 기초연금과 월세로도 생활비가 해결되어 사는 데 전혀 걱정이 없다. 친구들과 근교 여행을 다니고 종교 활동을 하며 풍요로운 여생을 보내고 계신다. 살고 있던 빌라가 중간에 재개발 구역으로 지정된 건 보너스.

이렇게 구체적인 숫자로 하나하나 따져보면 예상보다 우리가 살아가는 데 그렇게까지 큰돈이 필요하지 않다는 것을 알 수 있다. 그런데도 우리는 왜 이렇게 돈을 생각할 때마다 불안에 떠는 것일까?

현실적인 재무 목표와 구체적인 계획의 중요성

강의를 하면서 왜 사람들이 막연한 불안감을 갖는지 관찰하고 내린 결론은 이렇다. 첫째는 현재 상황을 두루뭉술하게 파악하기 때문이고, 둘째는 확고하게 원하는 미래상이 없기 때문이다. 그리고 이 불안에서 비롯되는 조급함은 무분별한 투자로 이어져 심각한 손해를 보는 결과를 낳기도 한다. 혹은 반대로 열심히만 살면 어떻게든 되겠지, 라는 생각으로 열심히 벌고 또 열심히 다 써버리는 실수를 저지르는 경우도 있다. 어느 쪽이든 목돈이 필요한 순간 어려움에 처하는 건 매한가지다.

나는 그런 분들께 현재 자산과 가계부를 정확하게 작성해본 다음, 현실적인 자산 목표 정해보기를 권하고 있다. 자산 목표와 내 상황에 맞는 월 최소 필요 금액을 계산해 실천 가능한 돈 관리 습관을 들이면 충분히 안정적인 인생을 만들어나가는 것이 가능하다. 또 월 최소 필요 금액을 계산해 그것보다 더 벌게 되는 시기에는 초과분을 적극적으로 재테크에 활용할 수도 있다.

여기서 가장 필요한 일은 '현실적인' 재무 목표를 가지고 55세 이전까지는 젊을 때 조금 더 인내하며 기반을 닦는 것, 그리고 55세 이후부터 65세 연금 개시일까지는 추가 수입을 얻을 수 있는 소일거리를 찾아 이를 지속하는 것이다. 중간에 넘어지는 일이 생겨도 다시 일어나 꾸준히만 한다면 충분히 노후 준비를 해낼 수 있다. 최소로 계획한 금액에서 초과분이 생긴다면 조금 더 윤택한 생활을 위해 즐거운 도전을 하는 것도 충분히 가능하다. 65세 이후는 건강한 것이 돈을 아끼는 지름길이라는 마인드로 건강한 습관을 유지하면서 부부 및 친구 관계를 돈독히 하고 각자 취미 생활을 통해 멘탈 관리를 한다면 더할 나위가 없을 것이다.

오랫동안 상담을 해오다 보니, 최근 사람들의 관심사가 더 불리는 쪽에서 손실을 최소화하는 쪽으로 옮겨가고 있음을 자주 느낀다. 아마 전 세계적인 경기 하락으로 각종 투자에서 손실을 본 사람들이 증가하고 있는 것이 가장 큰 원인인 듯하다. 5년 전만 해도 더 불리는 방법에 대한 질문이 많았다면 3년 전부터는 부쩍 실패 수습에 대한 질문이 많아졌다. 그들은 한결같이 몇억 원이라는 돈을 잃었다는 사실보다 빠르게 달리던 기차가 탈선이라도 한 듯 '인생이 정상 궤도에서 벗어났다', '남들은 30억, 50억 원씩 쭉쭉 시대를 따라가는 것 같은데 나는 마이너스라니 희망이 없다'라는 식으로 마음의 고통을 더 크게 호소했다.

하지만 포기하기엔 이르다. 다시 한번 말하지만 포기하지만 않는다면 지금 당장 큰돈을 저축할 수 없다고 해도 앞서 살펴본 것처럼 생각보다 적은 금액으로도 인생 운영, 미래 준비가 가능하다. 우리에게는 훨씬 다양한 인생이 있고, 각자 성격에 맞는 다양한 대안이 존재하니까 말이다.

그러니 나의 가장 큰 자산은 많은 시간과 작은 의지라는 생각을 갖고 차근차근 출발해보자.

'작은 부자'의 돈 그릇도
충분히 크고 단단하다

한창 짠테크를 공부하던 시절, 나는 여러 재테크 카페들에서 고수들의 팁을 찾아 실천하곤 했다. 몇 년 전부터는 유튜브가 급부상하면서 더 다양한 사례들을 접할 수 있었는데, 그중에서도 한 유튜버의 사례가 매우 인상적이었다. 그는 39세 공무원으로, 5억 원을 배당주로 매월 약 300만 원 규모의 현금흐름을 만든 뒤 퇴사한 과정을 영상으로 상세히 기록해 놓고 있었다.

그가 돈을 모으고 쓴 방법은 이랬다. 일단 월급을 100% 저축했다고 한다. 물건은 되도록 안 사고 안 쓰면서 꼭 필요한 물품은 중고로 사서 중고로 처분했다. 식비는 원래 아침은 안 먹고 점심과 저녁은 구내 식당에서 해결해 최소화했다. 주말에는 고시원에서 제공하는 밥과 김치에 간단한 요리를 해서 먹었다. 건강을 위해 배달 음식이나 인스턴트는 먹지 않는 게 그의 원칙이었다. 그렇게 해서 1개월 카드값 20~30만 원 정도에 고시원비까지 총 50만 원 이내를 썼다. 월급을 다 저축하는데, 이 50만 원은 무엇으로 충당했느냐 하면 모두 부수입이었다. 그는 20대 초반부터 틈틈이 영화를 보면 영화 감상문, 책을 보면 독후감, 대학 때부터 쓴 과제 등 약 1,000개의 문서를 리포트 유료 사이트에 등록했고 거기서 쏠쏠한 부수입을 얻었다. 그렇게 부수입으로 소비를 하고, 20대 초반부터 월급을 전부 주식에 넣어 30대 후반에 10년 넘게 이어진 장기투자의 결실을 맺은 것이었다. 지금은 비록 배당주 세팅을 깨고 과감하게 주식투자를 했다가 많은 손실을 입어 안타까운 상황이지만, 어릴 때부터 자신이 원하는 목표를 이루기 위해 구체적인 계획을 세우고, 그에 맞춰 장기간 노력한 것 자체가 매우 대단하다고 생각한다.

한창 돈을 모아야겠다고 의욕이 넘치던 신혼 초, 나는 이런 극한의 짠테크 사례들을 찾아 읽으며 자극받았고 매일 한계치까지 허리띠를 졸라매며 살았다. 당시 내가 살던 아파트는 거의 원룸과 다름없는 크기로 아주 작았다. 아이를 낳은 후에는 아이가 잘 때 작은 소리나 불빛에 깰까봐 옷들로 중간에 막아놓고 남편과 저녁을 먹어야 했다. 그러던 어느 날, 남편이 퇴근해서 집에 갈 생각만 하면 가슴이 이상하게 답답하고 우울해진다는 말을 했다. 그때 깨달았다. 무조건 아끼는 것만이 정답이 아니고 지속할 수 있는 나만의 균형을 가져야 한다는 사실을 말이다.

누군가는 앞서 공무원 분과 내 경험담을 읽으며 '꼭 그렇게까지 해야 하나?'라는 생각을 할 수도 있다. 투잡을 뛰고, 배달 음식 하나 시켜 먹지 않고, 커피 한 잔도 제대로 사먹지 못하는 삶을 살아야만 돈을 모을 수 있느냐고 말이다. 물론 그 말도 맞다. 사람은 누구에게나 자기만의 가치관이 있고 행복을 느끼도 기준도 다르기 때문이다. 다만 여기서 말하고 싶은 것은 내가 돈을 어떻게 바라보느냐, 그리고 미래를 위해 어떤 확고한 목표를 가지고 있느냐다. 'ㅇㅇ하게 살아야 바람직하다'라는 사회가 정한 기준이 아니라, 스스로 고민하고 내린 결론이 이후 나의 모든 행동을 결정짓는 기준이 된다는 점을 기억해야 한다.

돈의 '액수'가 재테크의 전부는 아니다. 재테크 카페에 가보면 너무나 대단한 사람들과 그들이 실천해온 기상천외한 방법들이 정말 많다. 하지만 내가 모든 걸 다 실천하며 살 수는 없는 법이다. 각자가 처한 상황이 다르기에 각자에게 맞는 우선순위도 다를 수밖에 없다. 게다가 약간의 여유도 없이 산다면 인생에서 중요한 걸 잊어버리게 되고 금방 포기해버리기 쉽다. 다이어트를 할 때 무작정 굶기보다 생활습관을 건강하게 바꾸는 게 더 오래 유지되는 것과 같은 이치다.

이처럼 우리가 돈을 대하는 태도와 그 안에서 나만의 균형을 찾는 일은 돈의 액수 자체보다 더 중요한 인생의 한 요소다. 내가 벌 수 있는 돈이 생계를 유지하는 수준을 넘어서는 순간부터 어떻게 벌 것인지, 어떻게 소비할 것인지에 나의 가치관을 반영하게 되기 때문이다. 정답이 없는 인생에서 그런 가치관이 쌓여 나만의 돈 그릇을 만들고, 그 그릇의 크기만큼 돈이 머물게 된다. 돈은 사회를 살아가는 데 있어서 뗄 수 없는 도구이기에 어떻게 담아내고 활용하느냐에 따라 삶은 180도 달라질 수 있다. 돈을 긍정적으로 인식하고 능동적으로 관리하는 것이 곧 인생의 질을 높이는 길이 되는 것이다.

돈 그릇을 키우는 데는 지속성이 관건이다

우리가 돈 그릇을 제대로 만들지 못하는 이유로는 크게 두 가지가 있다. 첫 번째는 아무것도 하지 않아서다. 대체로 어릴 때부터 부모님에게서 '투자하면 패가망신한다'는 이야기를 듣고 자랐거나, 멋모르고 투자에 나섰다가 돈을 잃은 후 나는 투자가 안 맞는 것 같다며 아예 관심을 끊은 경우다. 그런 사람들은 아무런 경제적 행동도 하지 않는 것이 오히려 안전하다고 생각한다.

하지만 통장에 현금만 쌓아두는 것도 문제가 될 수 있다. 물가상승이 지속적으로 화폐가치를 감소시키기 때문이다. 아무것도 하지 않는다는 것은 결국 돈을 까먹고 있다는 의미가 된다. 2015년 버스 요금이 1,100원, 서울 아파트 중위가격이 5억 2,000만 원이었지만, 10년이 지난 현재 버스 요금은 1,500원, 서울 아파트 중위가격은 10억 6,000만 원이 되었다 (출처: KB부동산 주택가격동향조사, 2015.10~11, 2025.10 데이터). 이렇게 매년 2~3%씩 물가가 오르는 만큼 이자를 받는 게 아니라면 단순히 예·적금만으로는 실질적인 구매력이 줄어들어 결과적으로 돈의 가치가 하락한다.

돈 그릇을 만들지 못하는 두 번째 이유는 아까와는 반대로 투자를 통해 단기간에 너무 큰 이익을 얻으려 하기 때문이다. 우리는 보통 주변의 성공담을 들으면서 처음 재테크나 투자에 관심을 갖게 된다. 옆 부서 누가 어디 집을 샀는데 그새 몇 억이 올랐대, 무슨 무슨 코인을 샀는데 크게 올라서 퇴사했대 등등. 언론에서도 주가 폭등 기사는 대문짝만하게 다루는 반면, 매년 꾸준한 6% 상승은 뉴스거리로 보지도 않는다. 그런 이유로 우리는 주식 투자를 시작할 때 '뭐 10배까지는 바라지 않고 소소하게 두 배 정도 오르면 좋겠다'는 식의 말도 안 되는 인식을 가지곤 한다.

전설적인 투자자 워런 버핏의 연평균 수익률이 20%였다. 피터 린치 또한 "연평균 25~30%의 수익을 기대하는 것은 비현실적이며 연 10% 수익만 올려도 대단한 성적"이라고 말한 바 있다. 우리가 생각하는 '소소하게 두 배'가 얼마나 소소하지 않은 수익률인지 알 수 있는 대목이다.

보통 사람들은 시장 분위기가 좋을 때 투자를 시작하고 그래서 초반에 큰 이익을 보곤 한다. 문제는 이 초심자의 행운을 당연하게 여기며 이 수익률이 계속 이어지리라 생각한다는 점이다. 이 점을 인지하지 못하고 '이대로 몇 번만 잘하면 금방 부자 되겠는데?'라는 생각에 무리한 투자를 하면 큰 손실로 이어질 가능성이 크다.

따라서 성공적인 재테크를 하고 싶다면 각자 성향에 맞는 '현실적인 기대 수익률'을 먼저 설정해야 한다. 내가 원하는 미래를 만들기 위해서 어느 정도의 수익을 원하고, 그에 따라 내가 어느 정도까지 위험을 감수할 수 있는 성향인지를 먼저 파악해야 나에게 적합한 투자 전략을 수립할 수 있다. 내가 어떤 성향인지 알고 싶다면 다양한 금융상품을 적은 금액으로 먼저 경험해보고 설명을 들으며 알아나가는 게 가장 효율적이다. 〈월스트리트 저널〉의 2021년 기업가 성공 연구에 따르면, 반복적인 시도가 장기적 성공 확률을 다섯 배 이상 높인다고 한다. 알아보기 번거롭다는 이유로 한 가지 방법만 고집하기보다 여러 가지 방법을 시도하고 배워가는 것이 중요하다.

지속적인 관심과 실천으로 나만의 투자 방법을 찾아나간다면 투자의 우선순위도 정할 수 있다. 예를 들어 내가 더 많은 수익을 얻기 위해 위험을 감수하는 성향을 가졌다면 주식, 펀드, 가상화폐 등에 적극적으로 투자해도 되지만 위험을 추구하기보다 안정적인 수익을 더 선호한다면 채권, 금, 부동산 같은 안전자산 위주로 공부하고 투자하는 편이 더 바람직하다. 연령대 또한 투자 전략에 영향을 미친다. 젊을수록 장기적인 투자가 가능하므로 위험을 감수하는 투자 종목의 비중을 높이는 것이 좋다. 은퇴를 앞둔 장년이라면 안정적인 현금흐름을 확보하는 것에 주력해야 한다.

다음으로 중요한 것은 장기적인 관점을 갖는 것이다. 경제학자 토머스 스탠리Thomas Stanley는 그의 저서 《이웃집 백만장자》에서 "진짜 부자는 장기적인 계획을 가지고 꾸준한 절약을 실천하는 사람들이다."라고 강조했다. 실제로 미국 내 백만장자의 절반 이상은 평범한 중산층에서 출발했으며 단기적인 투자보다 장기적인 투자로 부를 일궜다고 한다. '빠르게' 벌기보다 '꾸준히' 버는 것이 현실적으로 더 주요했다는 얘기다. 미국 S&P500 지수의 20년 연 환산 수익률은 9.6%지만 1년 단위로 쪼개 보면 마이너스인 해도 존재한다. 장기적으로는 균형 가격으로 수렴되지만 단기적으로는 시장 상황에 따라 낙관과 비관을 오가며 변동성이 커지기 때문이다. 이에 대해 버핏은 "주식시장은 조급한 사람에게서 인내심 있는 사람에게로 돈이 옮겨가도록 되어 있다."고 강조하기도 했다.

성공적인 자산 관리는 지속적인 학습과 실행에서 나온다는 점을 꼭 기억하자. 돈에 대한 태도를 바꾸면 인생이 달라진다. 대박을 노리는 태도를 버리고 나에게 맞는 현실적인 목표를 정한 뒤, 장기적인 관점에서 꾸준히 관심을 가지며 투자 및 저축 습관을 쌓는 것, 바로 그것이 원하는 미래를 만드는 핵심 전략이다.

부자의 소비가 아닌 생각을 따라 하라

일을 하다 보면 부자들을 정말 많이 만나게 된다. 그중에는 자산 100억 이상의 큰 부자도 있지만, 작게 시작해 순자산 30억 이상을 일군 '작은 부자'들도 상당수다. 그런 사람들을 계속 만나고 사업 이야기를 듣다 보니 이들에게 몇 가지 공통점이 있다는 사실을 알게 되었다.

첫 번째는 회사 생활을 정말 열심히 했다는 점이다. 신기하게도 내가 만난 작은 부자의 70%는 재직 시절 회사의 구조와 아이템을 잘 파악했다가 30대 후반, 40대 초반에 창업을 시도한 사람들이었다. 회사에 필요한 부분을 파악해 퇴사 후 근무했던 회사에 서비스 또는 제품을 납품하는 법인을 설립하거나, 사내 벤처 프로그램으로 시작한 경우가 상당히 많았다.

내가 만난 A도 대기업 푸드팀에 재직하면서 자연스럽게 푸드 사업 전반이 어떻게 돌아가는지를 파악하고 거래처 인맥을 쌓았다. 평범한 20대였다면 절대 경험하기 힘들었을 대기업의 인력 관리 시스템을 배운 것도 큰 도움이 되었다. 그는 30대 중반에 퇴사했는데, 도매 식품에 마진을 붙여 다녔던 대기업에 납품하는 회사를 차렸고 현재 연 당기순이익 10억 원 이상의 회사로 키워냈다. 그는 회사를 다니면서 직원과 상사에게 예의 바르게 행동한 것이 퇴사 후 든든한 인맥으로 이어졌다고 말한다. 또 다른 인물인 B는 대기업 부동산팀에 근무하면서 창업 아이템을 발견하게 된 경우다. 그는 재직 당시 팀에서 심사 업무를 봤을 때 안면을 튼 협력업체 사장과 인맥을 쌓아 40대 초반에 퇴사 후 연봉 다섯 배 이상의 수입을 꾸준히 올리고 있다.

이런 사람들은 회사를 다닐 때 절대 관성적으로 다니지 않았다는 특징이 있다. 나의 업무 그리고 회사가 어떤 가치를 제공하고 어떤 시스템으로 굴러가는지 유심히 관찰한다. 일을 단순히 돈벌이로 생각하지 않고 미래를 위한 자양분으로 본 것이다. 그들은 하나같이 맡은 일이 자신을 성장시킨다고 생각했기에 그 자리에서 최선을 다했다고 말한다. 이

들처럼 현재의 일에 최선을 다하면서 다음 스텝을 미리 준비하면 어느 순간 기회의 문이 열린다.

두 번째는 나이나 상황에 굴하지 않고 새로운 도전에 뛰어들었다는 점이다. C는 평범하게 직장생활을 하다가 아이 둘을 연이어 출산하며 퇴사를 했다. 그녀는 아이들에게 재질이 좋은 옷을 저렴하게 입히고 싶은 마음에 소규모 의류 제작 업체를 찾게 됐다. 그렇게 옷을 직접 제작해서 아이들을 입히고 남는 옷을 인스타그램에서 판매했는데, 초반에는 그다지 반응이 없었다고 한다. 하지만 꾸준히 올리다 보니 어느 순간 알고리즘을 타고 조회 수가 터지면서 현재 월 매출액이 억 단위로 올라섰다.

또 다른 인물 D의 경우를 보자. 그는 20대에 주식으로 큰돈을 벌었다가 날리고, 30대에는 부동산 투자를 했다가 빈털터리가 되었다. 그렇게 40대가 되었을 때 한국에 스마트스토어 유행이 불기 시작했다. D는 스마트스토어 정도면 자신도 충분히 할 수 있겠다는 생각이 들었다. 처음에는 남들처럼 도매업체에서 물건을 납품받아 판매하는 소매 판매업자로 시작했다. 키워드 작업 등 마케팅과 판매에만 집중하다가 어느 날 시장을 살펴보다 보니 특정 치료기기가 잘 팔린다는 사실을 발견했다. 그는 그동안의 소비자 리뷰를 반영하여 더 나은 치료기기를 직접 제작하기로 마음먹었고, 그 후 창업을 해서 현재 연매출 20억 원 이상의 회사를 운영하고 있다.

보통 창업을 해보고 싶다고 말하면 주변인들은 치킨집과 카페가 한국에 얼마나 많은지 아느냐며 자영업 어렵다는 이야기를 쏟아낸다. 그러면 듣는 사람은 시작도 하기 전에 불안해진다. 하지만 거창한 사업이 아니더라도 자영업자 중에는 직장인의 월급을 뛰어넘는 알짜 부자가 정말 많다. 과거 강남의 길거리 떡볶이 포장마차 사장이 K대학교 출신이었다는 게 알려지면서 화제가 된 적 있다. 인천에서 떡볶이 트럭 아르바이트를 한 적 있던 나는 그녀의 선택이 충분히 이해가 됐다. 강남 같은 번화가가 아니었는데도 그 트럭 하나에서 나오는 월 순수익이 1,000만 원 이상이었던 것이다. 당시 푸드 트럭을 운영하던 20대 젊은 사장은 다른 곳에서 가게를 운영하면서 나 같은 아르바이트생을 쓰는 푸드 트럭을 두 개나 가지고 있었다.

고객들을 오래 관찰해본 결과, 불황에도 30%의 회사는 계속 잘되고, 호황에도 50%의 회사는 망했다. 3년만 어떻게든 버티면 안정적으로 쭉 이어지다 어느 정도 시간이 흐르면 사장이 자리에 없어도 돌아가는 시스템을 갖추게 된다. 사업을 영원히 한다고 생각하면 내가 이 일을 평생 할 수 있을까 고민되어 시작이 어렵다. 하지만 실제로는 3년 정도 지나면 나의 시간과 노동력을 쓰지 않고도 사업이 자동으로 굴러가는 시스템이 생기게 된다. 그러니 일단 작게라도 시작해보는 것이 좋다.

작은 부자의 세 번째 공통점은 만나는 사람을 바꿨다는 것이다. E는 의료기기 관련 회사를 다니는 평범한 회사원이었는데 어느 날 업무차 만난 세무대리인에게 지나가듯 사업 아이디어를 이야기했다. 많은 사업자들을 만났던 세무대리인은 사업화가 가능하다고 말해주었고 이후 만날 때마다 그에게 법인 설립을 권유했다. 그렇게 지금 E는 연 매출 30억 원의 의료기기 관련 회사를 운영하고 있다.

F도 30대에 대학원에 진학했다가 창업을 한 경우다. 돈과는 전혀 관련 없는 과였는데, 들어가 보니 40~50대의 기업 또는 정부 기관의 사람들이 업무와 병행하며 공부하는 분야였다. 그는 그곳에서 만난 사람들과 대화를 하다가 그들이 특정 분야의 업무를 맡아줄 업체를 구하지 못해 곤란해한다는 사실을 알게 되었다. 일반 사람들은 그런 업무가 있다는 것조차 잘 모르는 틈새시장이었다. F는 이후 작은 법인을 만들어 관련 입찰을 하러 다니며 일을 따내고 정부 지원금도 받는 청년 사업가가 되었다.

편한 사람만 반복해서 만나고 친목을 다지면서 이것이 인맥이구나 하기 쉽지만, 새로운 기회는 새로운 사람을 타고 들어오는 경우가 많다. 사회학자 마크 그라노베터Mark Granovetter가 주장한 '약한 연결의 강점'strength of weak ties 이론이 잘 보여주듯이 가까운 관계보다 약한 연결 관계가 필요한 순간에 도움을 주곤 한다. 약하게 연결된 사람은 나와는 다른 사회적 영역에 속해 있으므로 예상하지 못한 정보와 기회를 갖고 있을 가능성이 크기 때문이다.

결국 부자가 되는 사람은 단순히 부자처럼 보이는 소비를 따라 하는 사람이 아니라, 생각과 행동을 남들과 다르게 가져가는 사람이다. 어떤 기회든 그것은 준비된 사람에게만 보인다. 지금의 자리에서 의미를 찾고 작지만 새로운 도전을 계속 시도하는 사람에게는 언제나 기회의 문이 열린다는 사실을 기억하자.

현재 자산이 얼마인지 파악하라

새해를 앞두고 사람들은 매년 세 가지 결심을 한다. 운동을 하겠다, 금연·금주를 하겠다, 돈을 모으겠다! 하지만 그 결심은 봄바람이 불면 눈 녹듯 사라진다. 다시 연말이 되면 친구들과 술잔을 기울이다가 찬 바람을 뺨에 맞으며 '아, 뭐 한 것도 없는데 올해 다 갔네. 내년엔 꼭 운동도 하고 돈 좀 제대로 모아야지'라는 결심을 반복한다.

우리는 왜 늘 '돈 좀 모아야지'라고 생각하면서도 돈을 모으지 못하는 걸까? '카드 좀 작작 긁자. 술값만 모아도 차 한 대 값은 나올 것 같은데?' 같은 결심은 왜 지켜지지 않는 걸까? 내가 관찰해보니 그 이유는 단순했다. 내가 지금 돈을 얼마나 가지고 있고, 얼마를 벌고 있으며, 그중에서 얼마를 쓰고 아끼면 총 얼마를 더 모을 수 있는지 명확하게 모르기 때문이었다. 그래서 막연히 '운동하면 건강에 좋겠지'라고 생각하고 있다가 저녁 약속 제안이 들어오면 '에라 모르겠다, 오늘은 헬스장 패스!'라며 유혹에 쉽게 넘어가는 것처럼 선택의 순간에 '에라 모르겠다, 오늘은 너무 힘드니 택시 타자!' 같은 결정을 하게 된다.

이 심리는 가계부를 쓸 때도 이어진다. '아껴 쓰고 매일 소비한 내역을 적겠다'라고 생각만 하면 의미도 없거니와 곧 흐지부지되고 만다. 스트레스만 받고 실패의 기억만 남아서 결국 '나는 이런 게 안 맞나 봐'라는 생각이 굳어지면 오히려 안 하느니만 못하다.

그렇다면 제대로 가계부를 적고, 제대로 돈을 모으려면 대체 무엇부터 해야 할까? 일단 현재 내가 가진 자산을 적어보는 것부터가 시작이다.

내 자산 흐름 한눈에 파악하기

▶ 돈의 흐름 파악하기 예시 1

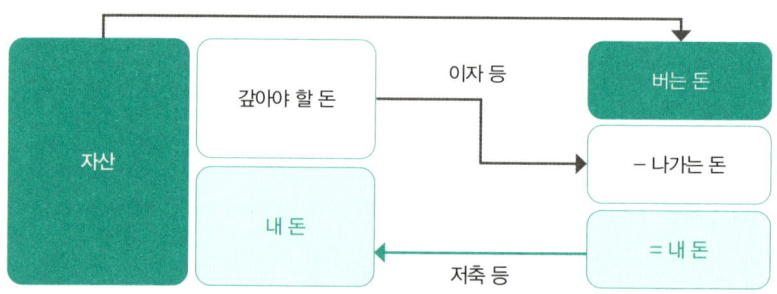

▶ 돈의 흐름 파악하기 예시 2

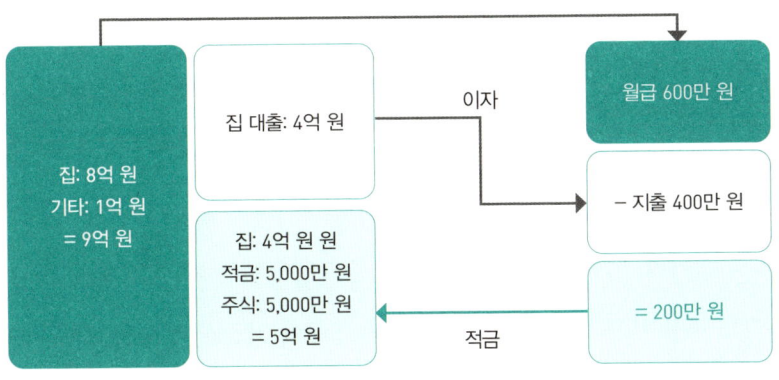

집에 돌아다니는 노트나 이면지를 찾아 이 두 개의 도표만 그려보자. 그러면 내가 가진 혹은 우리 집의 모든 자산 흐름을 한 방에 정리할 수 있다. 이 중 예시 1은 케이크를 잘랐을 때 보이는 단면처럼 특정 시점에 나의 자산이 어느 정도인지를 파악할 수 있게 해준다. 그러므로 한 번 작성하고 끝내는 게 아니라 지금 작성하고 분기나 반기, 최소 연 1회라도 꾸준히 업데이트를 해나가야 한다. 우리 집은 매월 가계부를 결산할 때 작성하고 이를 1년에 한 번씩 결혼기념일에 남편과 공유하며 우리가 잘 살고 있는지를 점검하고 있다.

작성은 어렵지 않다. 예시 2에서 가장 왼쪽에 집이 전세라면 전세 보증금, 매매라면 샀을 때의 금액이 아닌 지금 내놓으면 팔릴 수 있는 금액을 찾아 적는다. 바로 옆 오른쪽 상단에는 대출 금액과 향후 매도했을 때 내게 될 세금 등 미래에 나가게 되는 항목을 미리 계산해서 적는다. 그러고 나서 하단에 가장 왼쪽의 총 금액에서 상단의 금액을 제외한 나머지 금액을 적는다. 하단에 적은 금액이 순수한 내 돈, 즉 순자산이다.

그 외 예·적금, 펀드, 연금, 주식 등의 재산이 있다면 가장 왼쪽에 총 금액을 쓰고 바로 옆 오른쪽 하단 '내 돈' 부분에 상세 내역을 적는다. 만약 주식 투자 시 미수 거래를 하고 있다면 빌린 돈만큼 상단에 적는다.

마찬가지로 자동차가 있다면 현재 중고로 내놨을 때 받을 수 있는 금액을 가장 왼쪽에 적고 바로 옆 오른쪽 상단에 자동차 대출 잔액을 적은 후 그 차액을 하단에 기재한다. 이 도표를 작성할 때 중요한 건 가장 왼쪽의 총 합계와 바로 옆 오른쪽 상·하단의 총 합계가 동일해야 한다는 점이다.

선순환을 만드는 좋은 빚 vs. 악순환을 일으키는 나쁜 빚

이 도표를 작성하면서 알 수 있는 사실은 자산은 수입이든 지출이든 '현금흐름'을 일으킨다는 점이다.

예를 들어 아파트를 사서 월세를 받는다고 가정해보자. 아파트라는 자산은 월세라는 수입을 창출한다. 실거주 집인 경우에는 월세로 나갈 돈을 나가지 않게 하므로 보이지 않는 수입의 증가인 셈이다. 반면 갚아야 할 돈은 지출을 발생시킨다. 예를 들어 1억 8,000만 원짜리 아파트를 대출 1억 1,000만 원을 받고 내 돈 6,000만 원을 들이고 월세로 보증금

▶ 돈의 흐름 파악하기 예시 3

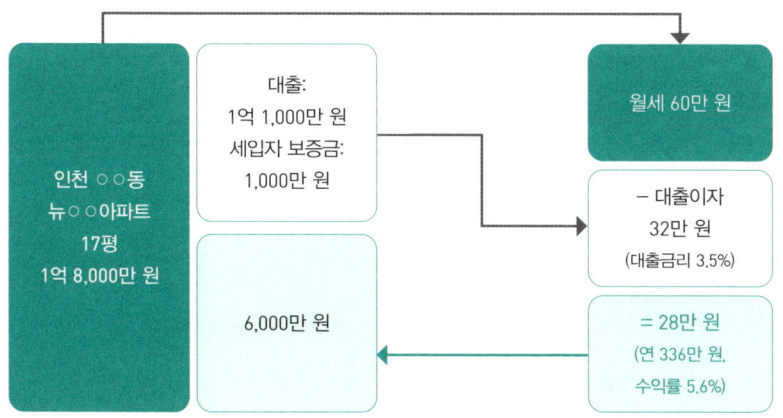

1,000만 원에 60만 원을 받는다고 가정해보자. 이 경우 대출 1억 1,000만 원에 대한 이자 지출이 생기게 된다. 대출금리를 3.5%로 가정하면 월세 60만 원을 받아서 월 이자 32만 원을 내면 28만 원이 내 통장에 남게 된다(12개월 단리로 계산, 부채와 지출의 상관관계 및 수익률에 대한 이해를 돕기 위해 원리금 납부가 아닌 이자 납부로 가정).

내 돈 6,000만 원을 넣어서 월 28만 원, 1년에 336만 원의 수익이 생기니 세전 수익률은 5.6%가 된다. 대출을 받지 않고 순수한 내 돈 1억 8,000만 원으로만 매입해 보증금 1,000만 원에 월세 60만 원을 맞춘다면 수익률은 4.2%다. 만약 대출을 더 받고 6,000만 원씩 나눠 세 채를 산다면 대출이자를 내고도 28만 원×3=84만 원의 수입을 얻게 된다. 늘어난 수입으로 대출을 일부 상환하면 이자가 줄어들면서 돈이 더 남게 되는 선순환이 일어나는 것이다.

이처럼 빚도 자산이며 좋은 빚과 나쁜 빚이 있다. 수입을 늘리는 빚은 좋은 빚이고 지출을 늘리는 빚은 나쁜 빚이다. 만약 적금으로 모은 내 돈 3억 원에 금리 3%로 대출 2억 원을 받아 총 5억 원으로 7% 수익률의 배당주를 세팅한다면 그건 좋은 빚이다. 빚으로 발생하는 지출 이상의 수입을 만들어내기 때문이다. 하지만 대출을 받아 원래 내가 살 수 있었던 것보다 더 크고 좋은 자동차를 샀을 때는 이야기가 다르다. 자동차는 수입의 증가 없이 더 많은 유지비와 유류비 지출을 유발한다. 내가 투입한 돈이 시간이 지나며 감가상각되어 사라지고 중고로 팔아도 대출을 갚고 나서 남는 게 없다면 사실상 이 자동차는 자산이라고 할 수 없는 부채 그 자체가 된다.

무조건 부동산 대출은 옳고 자동차 대출이 나쁘다는 뜻은 아니다. 부동산도 수입보다 지출이 더 커진다면 나쁜 빚이고 자동차를 구입해 배달 아르바이트를 하는 등 수입을 창출할 수 있거나 대중교통을 이용할 때에 비해 시간 및 교통비를 줄일 수 있다면 좋은 빚이다. 또 가족의 행복을 위해 자동차 관련 비용을 지출한다는 명확한 인식이 있고 가계에 부담이 되지 않는 정도의 수준이라면 충분한 가치가 있다. 따라서 특정 항목을 무조건 배제하거나 대출은 무조건 무서워서 안 받는다고 생각하기보다 내가 처한 상황을 고려하여 찬찬히 계산해본 후 나쁜 빚은 줄이고 좋은 빚이라 판단되면 충분히 활용하는 것이 현명하다.

매달 지출액의 규모를 알자

자산을 파악하고 난 후에 할 일은 우리 집의 수입과 지출, 저축 등 현금흐름을 적어보는 것이다. 생각보다 많은 사람이 자신이 얼마나 벌고, 얼마나 쓰는지를 정확하게 모른다.

근로자의 경우에는 실제로 내 월급 통장에 입금되는 세후 수입 금액을 적는다. 비정기적 상여금 등은 별도의 통장에 넣어두었다가 예비비 항목으로 두거나 대출을 갚는 데 사용하는 것이 좋다. 여기서 핵심은 생활 규모를 일정하게 유지하는 것이다.

수입이 불규칙적인 사업자라면 전체적인 지출의 평균을 먼저 파악한 후 일정한 가정 경제 규모를 정한다. 그 기준에 맞춰 소득이 더 많은 달

남는 돈을 예비비에 넣어놨다가 적게 번 달에 조금 충당하는 식으로 운영하도록 한다. 이때 소비 규모를 되도록 보수적으로 설정하는 것이 좋다. 그래야 씀씀이도 통제되고 노후 대비 금액을 계산할 때 도움이 되기 때문이다.

수입을 적고 나면 카드 고지서를 참고하여 항목별로 얼마나 지출하고 있는지 적어본다. 여기서의 포인트는 항목을 너무 세세하게 나누지 않는 것이다. 통신비, 미용비, 의류비 등은 생활비나 용돈처럼 적합한 항목과 묶어 덩어리를 만들어야 관리할 때 에너지 소모가 덜하다.

또한 이 단계에서 중요한 것이 고정비와 변동비 항목을 구분하는 일이다. 대출 원리금 상환액, 아이 학원비, 보험료처럼 매달 일정한 금액이 지출되면 고정비다. 1년에 한 번 내는 재산세, 자동차세는 12개월로 나눠서 고정비로 처리하는 방법도 있고 상여금에서 한꺼번에 납부하여 별도로 처리하는 방법도 있으니 각자 집의 상황에 맞게 설정하면 된다.

경조사비의 경우 특별한 지출이라 생각하기 쉽지만 생각보다 정기적으로 지출이 발생한다는 점을 기억해야 한다. 양가 가족들의 생일, 어린이날과 어버이날, 설날과 추석을 세어보면 거의 매달 가족 모임이 있는 셈이다. 가족 여행이나 여름 휴가도 매년 1회 이상 정기적으로 간다면 총 비용을 계산해 12개월로 나눠서 고정비로 넣어두는 게 좋다. 이 외에 식비, 생활비, 용돈처럼 내가 정신 차리고 있지 않으면 무심코 더 써버릴 수 있는 항목은 변동비로 분류한다.

여기까지 적어보았다면 제일 상단에 이 생활 규모를 몇 살까지 유지할

▶ 연령대별 수입-지출 항목 분류

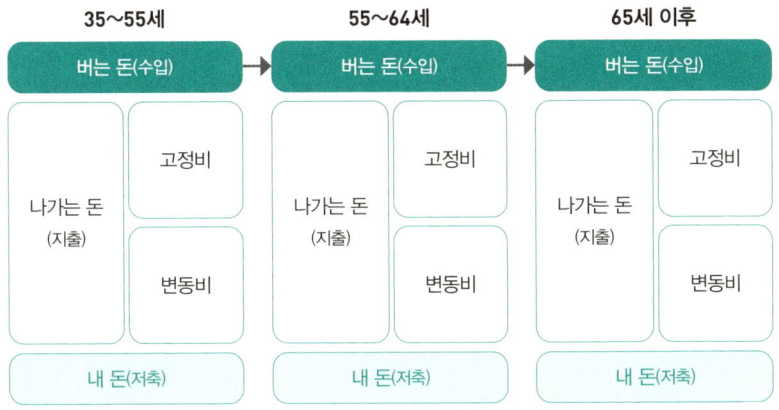

지 적는다. 그다음으로 같은 서식을 두세 개 더 그린 후, 위에 55~64세, 65세 이후 등 생활 규모가 변할 가능성이 높은 인생 구간을 적어놓는다. 그리고 현재의 지출 항목을 보면서 칸을 채워나간다. 예를 들어 내가 55세가 되었을 때 아이가 성인이 된다면 아이의 교육비와 용돈으로 나가던 항목이 55세 이후에는 0원이 될 것이다. 또 학군지에 계속 살 필요가 없으니 대출을 줄이고 저렴한 지역으로 이동할 수도 있다. 노후 준비가 끝난 나이가 되면 집 대출도 모두 상환했고 저축 항목도 0원이 될 뿐만 아니라 부부 둘만 생활하니 생활비도 줄어든다. 대신 노후에 따른 의료비 항목이 늘어나게 될 것이다.

인생의 흑자 시기와 적자 시기를 구분하라

이렇게 나이대별로 지출을 적어볼 때 고려해야 할 점은 인생 시기별로 수입과 지출이 얼마나 일어나는가를 알아보는 것이다. 우리가 돈에 대해 가지는 불안감이 어디서 오는가를 생각해보면 결국 다음 한 문장으로 요약된다. "젊고 건강할 때 벌어놓은 돈으로 늙었을 때 충분히 살 수 있을까?" 이에 대해 알아보기 위해 통계청에서 발표한 1인당 생애주기

▶ **생애주기 그래프**

출처: 통계청, 2025.09.25

▶ **1인당 소비 및 노동 소득**

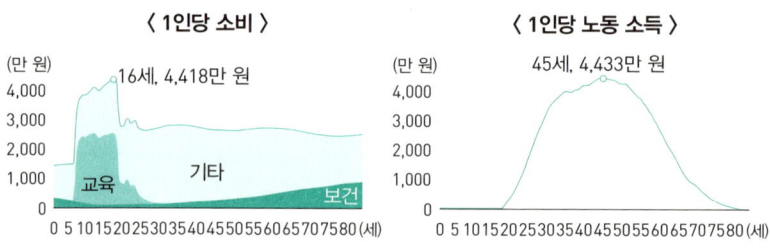

출처: 통계청, 2025.09.25

그래프를 살펴보자.

　이 그래프를 보면 3인 가족의 대략적인 인생 패턴을 엿볼 수 있다. 우리는 10대까지 학비 등으로 버는 건 없는데 들어가는 돈은 많은 학창 시절을 지나, 20대 중반까지 버는 것보다 생활비가 더 들어가는 사회 초년생 시절을 보낸다. 28세가 되었을 때 흑자 시기를 맞으면 그때부터 한숨 돌리며 그때쯤 만나기 시작한 연인과의 결혼을 꿈꾸면서 결혼 준비 비용을 모아간다. 그러다가 남자 34세, 여자 31세 정도가 되면 결혼을 하고('전국 평균 초혼 연령', 통계청, 2023년) 신혼 2년 동안 맞벌이로 열심히 돈을 모으다가 여성의 나이 33세 때에 아이를 낳는다('2024 통계로 보는 남녀의 삶', 여성가족부, 2024년).

　아이가 아직 걷기 전이거나 어린이집에 다닐 때까지는 그래도 괜찮았는데 유치원에 갈 나이가 되면 그때부터 고민이 시작된다. '건강하게만 커다오'라던 마음가짐은 어느새 옆집과 비교를 하게 되면서 저 멀리 사라지고 만다. 그렇게 '영어 유치원을 보내야 하나? 지금부터 뭐라도 시작해야 하지 않나? 전집을 사볼까, 학습지를 시켜볼까?'라며 보이지 않는 선을 만들고 뒤처지지 않기 위해 교육비를 투입한다.

　이는 초중고 사교육으로 이어져 매년 큰 고정지출이 일어나는 반면, 부모는 아이가 초등학교 고학년이 될 때쯤인 45세에 소득의 정점을 찍고 하나둘 주 직장에서 퇴사해 50대부터는 소득을 줄여서라도 계속 일할 수 있는 두 번째 직장으로 출근한다('주 일자리 퇴직 평균 연령 49.3세', 통계청, 2022년). 즉 16세에 정점을 찍는 1인당 적자 규모 약 4,400만 원은 부모가 맞벌이를 통해 계속 메꿔주고 있는 것이다. 그 과정에서 아이가 크니 집도 규모를 넓히거나 학군지를 찾아 이사를 가야 한다. 언제나 나를 챙겨주시던 부모님도 연로하셔서 이때쯤부터는 반대로 내가 부모님을 챙겨드리는 시기로 들어선다.

위아래로 돈이 빠져나가는 상황에서 얼마라도 모아 노후를 위해 저축을 하긴 하는데 이걸로 과연 충분할지 마음 한구석이 불안해진다. 몸도 여기저기 한 군데씩 아파오는 것이 혹시 나이 먹어 덜컥 큰 병이라도 걸리면 어쩌나, 모은 돈 병원비로 다 쓰면 큰일인데 싶어 보험을 다시 점검해본다. 그렇게 60대가 되면 퇴직을 하고 생애 적자 구간으로 들어선다. 그동안 모아놓은 돈으로 노후 대비를 해야지, 하는 순간 30대가 된 아이가 말한다. "엄마, 나 결혼하는데 얼마 해줄 수 있어? 나도 모으긴 했지만 요즘 부모 도움 못 받고 결혼하면 시간이 지날수록 격차가 점점 벌어져. 둘이 합쳐 전세라도 구하게 몇억 정도만 해줄 수 있어? 걔도 받아온대."

이렇게 우리 삶은 중요한 구간마다 굵직굵직하게 돈이 들어간다. 미리 조금씩 준비하지 않으면 제대로 대응 못할 가능성이 크다. 그렇다면

▶ 세대별 주요 고정지출 항목

20대	30대	40대	50대	60대
학자금대출 상환 결혼 자금 전·월세 보증금	주택 구입 자금 출산·육아 비용 자동차 구입 자금	주택 확장 자금 자녀 교육 자금	노후 준비 자녀 결혼 및 독립 자금	생활비 의료비

준비를 위해 가장 먼저 해야 할 일은 무엇일까? 가장 처음에 할 일은 각 항목에 예상되는 총 금액과 함께 몇 년간 얼마씩 모을지를 대략 적어보는 것이다. 그 후 우리 집의 소득에서 생활비와 재테크를 위한 저축 금액을 제외하고 이 항목들에 월 얼마를 투입할 수 있는지 전체적인 윤곽을 잡는다. 이러한 돈은 소비 시점이 미래일 뿐 소비임에는 변함이 없으니 (주택 관련 자금, 노후 준비금은 제외) 저축으로 분류해놓는 일이 없도록 해야 한다.

우선순위를 정하고 공동의 목표를 향해 함께 나아가라

만약 총 필요한 금액보다 내가 투입할 수 있는 금액이 적다면 우선순위를 정해 포기할 것은 포기하거나 각각의 금액들을 조절하도록 한다. 이 과정에서 가장 중요한 부분이 바로 가족 구성원들과 마음을 맞추는 것이다. 그래야 가족 구성원 모두가 합의한 공동의 재무 목표가 생기고, 한 배를 탄 구성원 각자가 무엇을 해야 할지 정해 손발을 맞출 수 있다.

특히 중요한 결정 사항은 자녀에게 어디까지 지원해줄지 마지노선을 정하는 부분이다. 앞서 생애주기 그래프에서 알 수 있듯이 인생에서 가장 큰 적자가 생기는 시기는 노후가 아닌 성장기이며 그중 교육비가 가장 큰 비중을 차지한다. 그러므로 어느 정도까지 지원해주겠다고 미리 정하지 않으면 10대 사교육 비용부터 20대 대학 학비, 30대 결혼 비용,

이후 손주 영어 유치원비까지 끝없이 자식의 뒤치다꺼리를 해야 할 수도 있다. 들어가는 돈만이 문제가 아니다. 그 돈으로 종잣돈을 모아 투자하거나 노후 준비를 일찍 시작했을 때 얻을 수 있는 기회비용도 고려해야 한다.

    나와 남편은 의논 끝에 자동차와 자녀 결혼·독립 자금은 제외시키기로 했고, 아이의 대학 학비는 태어났을 때 아이 이름으로 연금을 가입해 10년간 납입을 끝냈다. 학원은 예산 안에서만 보내고 나머지 과목은 집에서 같이 문제집을 풀고 있다. 부부가 둘 다 내향인이라 외부에 나가면 스트레스를 받고 집에 있는 것을 선호해 여행 또한 예산에 없다. 둘 다 운전을 잘 못해서 자동차는 앞으로도 구입하지 않기로 했다. 잠깐 30평대에 살아보니 어차피 TV 앞 소파에만 앉아 있는 건 25평에서 살 때와 다를 게 없어서 주택 확장 자금도 제외했고, 아이가 결혼할 때도 도움을 주지 않는 대신 우리의 노후도 부탁하지 않기로 했다.

    반면 여행을 좋아하는 내 동생은 자동차가 우선순위에 반드시 들어 있다. 한 친구는 반드시 한강변 아파트에 살고자 하는 목표가 있었으며, 또 다른 친구는 아들이 결혼할 때 집 장만 자금을 무엇보다 우선으로 보태주고 싶다고 했다. 이처럼 우선순위에는 정답이 없으니 각 가정의 상황과 구성원들의 의사를 고려해 협의를 해야 한다. 내 생각에는 차가 필요 없을 것 같다고 해도 남편 또는 아내의 생각은 다를 수 있고, 내가 아무리 학군 좋은 곳으로 이사를 가고 싶다고 해도 아이의 의향은 또 다를 수 있다. 최근 출생률 감소로 출산·육아 비용에 대한 지역별 지원금이

다양하게 있으니 지자체 홈페이지를 통해 알아보고 예산을 세울 때 반영하는 것이 좋다.

　이처럼 나이대별 월 지출 규모를 적고 나면 자연스럽게 필요한 월수입 금액이 정해진다. 그리고 이 금액을 역산하면 이 금액만큼 수입을 만들어내기 위해 필요한 자산이 도출된다. 사람들에게 이 내용을 적어보라고 하면 많은 이가 잠시 후 깜짝 놀라고는 한다. 생각했던 것보다 많은 돈이 필요하지 않기 때문이다.

　예를 들어 65세 이후에 월 300만 원의 수입이 필요한 것으로 나왔다면 매월 국민연금으로 받을 부부 합산 100만 원(가정)을 제외하고 나면 월 200만 원, 연간으로는 2,400만 원이 필요하다. 이를 8%의 수익률로 나눠보면 필요한 순자산은 3억 원이다. 지금까지의 계산에는 물가상승률을 반영하지 않았는데, 물가상승률만큼 급여가 인상될 경우 인상분만큼 지출도 현재 항목별 비율에 맞춰 늘려주는 것으로 해결할 수 있다. 이 계산을 지금 바로 해보자. 돈 걱정에 무거웠던 마음이 한결 홀가분해질 것이다.

'미래의 나'에게 필요한 비용 이미지화하기

자산과 현금흐름에 대해 개념이 한번 잡히고 나면 이후로는 가계부 쓰는 일이 매우 수월해진다. 대부분의 사람이 가계부 작성에 대해 크게 오해하는 부분이 있다. 바로 지출 내역을 기록한 후 하나씩 반성하며 '아껴 쓸 항목을 찾는 것'으로 알고 있다는 점이다. 하지만 가계부의 핵심은 '예산'이다. 단지 매달 수입을 예상하여 지출 계획을 세우는 일이 아닌, 미래의 내 모습을 먼저 정하고 거기에 닿기 위해 내가 지금 무엇을 하면 좋을지를 도출해내는 것이다.

   그러므로 가계부를 쓸 때는 구체적인 숫자를 넣어 다음 네 가지 사항을 적어봐야 한다.

1. 내가 되고 싶은 모습 적기

2. 나의 현재 모습 적기

3. 현재와 미래의 차이 계산하기

4. 구체적인 달성 계획 수립 및 실천 사항 도출하기

이 과정을 건너뛰면 돈 관리를 하며 갈등이 생길 때마다 '지금도 사는 게 나쁘지 않은데 내가 왜 힘들게 가계부를 써야 하지? 왜 아껴야 하지?'의 수렁에 빠지게 된다.

1. 내가 되고 싶은 모습 적기

가장 먼저 '우리 가족은 미래에 이런 모습으로 이런 인생을 살고 싶다'를 머릿속으로 그림 그리듯 떠올려보자. 그런 뒤, 그 생활을 하려면 무엇이 준비되어 있어야 하고 월별로 얼마의 현금흐름이 들어와야 유지가 될 수 있는지를 구체적으로 적어본다.

예를 들어 '나는 60세에 아이를 독립시키고 수도권 외곽 아파트에서 돈 걱정 없이 책을 쓰며 작가로 살고 싶다'가 목표라고 해보자. 지금 지출 수준으로 미루어 계산해봤을 때, 그때 남편과 둘이 월 300만 원 정도의 수입이면 생활이 가능할 것 같다고 가정해보자. 집은 어느 동네에 얼마짜리인지, 월 현금흐름을 마련할 방법으로 내 성격에 맞는 투자 방법

▶ **미래의 자산 흐름 파악하기 예시**

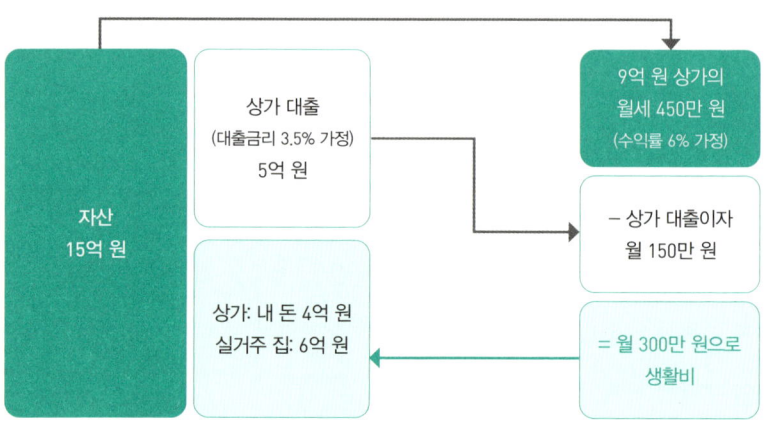

은 무엇인지 고민하면 위와 같은 도표를 작성할 수 있다.

　이렇게 작성하기 위해서는 다양한 분야에 대해 알아보고 검토해보는 작업을 먼저 거쳐야 한다. 상가라면 일단 집 앞 부동산에 가서 상가가 얼마나 크고 어느 업종이 주로 들어와서 얼마의 월세를 받고 있는지 알아보는 식이다. 연금, 배당주 등 다른 방법에 대해서도 검토하고 과장된 홍보가 아닌 실제로 가능한 방법인지 검증하여 내 성향에 맞는지 즉, 내가 실제로 할 수 있는 투자 방법인지 충분히 숙고해보는 게 좋다. 생생하고 구체적으로 좁혀갈수록 즐거운 작업이 되리라 장담한다. 나의 경우, 상가 강의를 수강하거나 동네 상가 경매 물건 등을 검색하는 과정에서 이미 목표가 이루어진 것 같은 느낌을 받을 수 있었다.

2. 나의 현재 모습 적기

그다음으로 할 일은 지금 현재 모습을 같은 도표에 적어보는 것이다. 예를 들어 현재 35세이고, 전세자금대출 1억 원을 받아 전세 보증금 3억 원짜리 집에 살고 있다고 해보자. 출산 후 5년간 저축 없이 한 명의 월급인 300만 원으로 생활하다가 40세부터 다시 맞벌이를 시작해 월 600만 원의 수입과 100만 원의 아이 관련 추가 지출이 예상된다면 다음과 같이 적을 수 있다.

▶ 현재의 자산 흐름 파악하기 예시

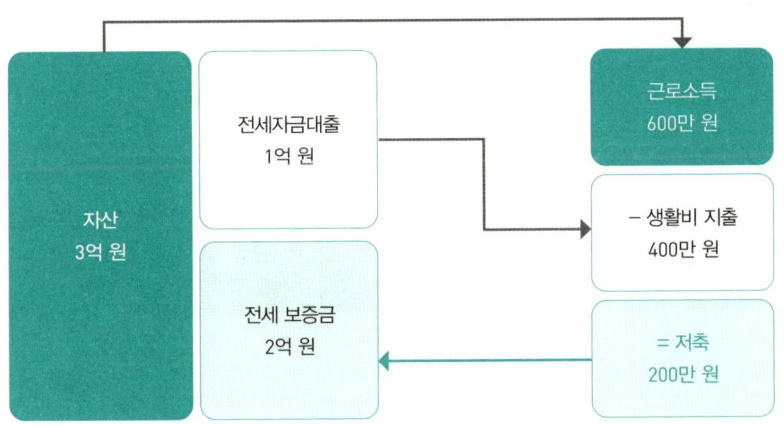

3. 현재와 미래의 차이 계산하기

두 도표를 모두 작성했다면 이제 되고 싶은 미래의 내 모습과 지금의 내 모습을 서로 비교해보자.

이렇게 나란히 두고 봤을 때 순자산은 8억 원이 늘어나야 하고, 근로소득만 있는 현재 자산 상태에서 조금씩 자동으로 들어오는 소득을 세팅해야 한다는 것을 한눈에 알 수 있다.

▶ 현재와 미래 자산 비교

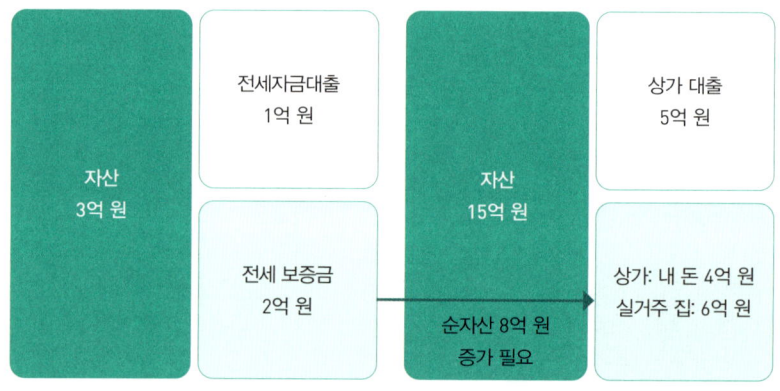

4. 구체적인 달성 계획 수립 및 실천 사항 도출하기

위의 예시처럼 구체적인 숫자가 들어간 목표를 세우면 세부적인 계획이나 지금 당장 무엇을 하면 좋을지가 저절로 명확해진다. 위의 예시대로

▶ **미래 자산 계획 예시 1**

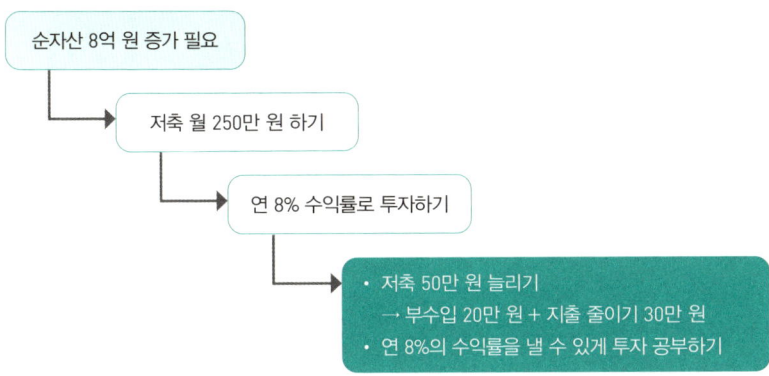

내가 원하는 미래 모습을 만들기 위해 현재 가치로 순자산 8억 원을 증가시켜야 한다고 해보자. 그러려면 '8억 원은 매달 250만 원씩 저축하면서 그 돈을 연 8%의 수익률로 40세부터 60세까지 20년간 복리로 굴려야 되는 금액이구나 → 그렇지만 예·적금으로 8%의 수익률을 내긴 불가능하니 조금 더 리스크를 감수하고 대신 수익률이 좋은 투자 방법을 찾아 공부해서 도전해야겠구나 → 그러려면 지금 저축 200만 원에서 50만 원을 더 저축할 수 있게 부수입을 20만 원 늘리고 지출은 30만 원을 줄여야겠다!'까지 의식의 흐름이 진행된다.

지금까지의 내용은 돈 관리 방법을 설명하기 위한 하나의 예시일 뿐 각 가정마다 가진 목표와 생활 패턴은 모두 다르다. 그렇기 때문에 이 현금흐름표를 작성하기 위해서는 가족 구성원들과의 협의가 반드시 필요하다. 서로 역할 분담을 하고 협의가 되어야 실천 과정에서 어려움이 생

▶ **미래 자산 계획 예시 2**

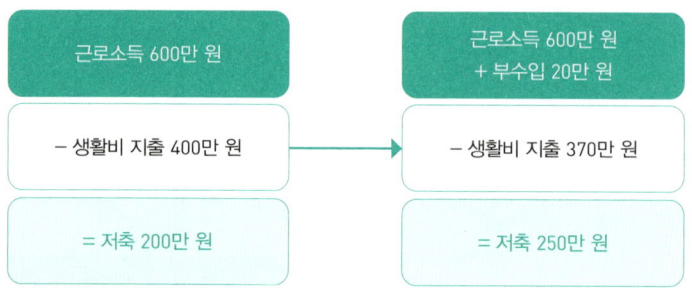

길 때 서로 같은 곳을 바라보며 보폭을 맞춰 걸어갈 수 있다. 그리고 그렇게 했을 때 바로 위와 같은 월 가계부 예산이 완성된다.

가계부를 쓰는 것은 단순히 돈을 아끼고 소비를 줄이기 위한 일이 아니라 바로 이 계획을 우리 가정이 제대로 이루어가고 있는지 점검하는 행위다. 소소한 금액을 절약하기 위해 한정된 시간과 기력을 너무 많이 소모하기보다 매월 예산에 맞게 수입을 확보했는지, 예산을 초과하지 않게 지출했는지, 예산보다 모자라지 않게 저축했는지만 중점적으로 검토하면 된다.

부수입을 확보하기 위해 이번 달에는 무슨 일을 했는지, 지출 통제 시 어려움은 없었는지 매달 한 번 정도 체크하다 보면 곧 생활에 패턴이 생겨 자산이 안정적으로 굴러간다. 그렇게 시간이 계속 흐르다 보면 나도 모르게 어느 순간 내가 원하는 모습을 하고 있게 될 것이다.

딱 3,000만 원만 모아보면 인생이 달라진다

만약 지금 당신이 아무것도 없이 시작하는 입장이라면 3~5년 동안 딱 3,000만 원을 모아보기를 추천한다. 3,000만 원은 모든 경제활동의 초석이다. 월세 보증금으로 쓸 수도 있고, 대출을 받아 전세로 이동하거나 청약 계약금으로 쓸 수도 있다. 분산해서 주식 투자를 시작하기에도 적당한 금액이다. 가장 중요한 건 3,000만 원이라는 목표를 달성하고 나면 적은 돈을 모아 목돈을 만들었다는 자신감이 생기면서 자연스럽게 투자에 관심을 가질 수 있다는 점이다. 이는 작은 변화처럼 보이지만 세상을 보는 관점이 달라지고 미래에 대한 가능성이 확대되는 일이다.

《심리학이 돈을 말하다》의 저자 저우신위에周新宇 교수는 저축을 늘리는 방법으로 저축 목표를 여러 개가 아닌 딱 하나로 잡아야 한다고 말하며 한 실험을 소개했다. 토론토 대학에서 진행한 이 연구에서 참가자들은 두 집단으로 나뉘어 6개월간 저축을 했다. 한쪽은 세 가지 저축 목표를 세우도록 요청받았고, 다른 한쪽은 하나의 목표만을 가졌다. 6개월 후 이들의 저축률을 조사했더니, 목표가 하나였던 집단이 세 가지였던 집단보다 3.45%p 더 높았다. 후속 연구에서도 목표가 하나인 사람들이 저축 욕구가 더 컸고 저축 금액 또한 더 높았다. 이러한 심리를 이용해 우리도 너무 많은 고민을 하기보다 '무조건 일단 3,000만 원 종잣돈을 모은다'는 명확하고 단순한 목표를 가지고 출발해보도록 하자.

처음 3,000만 원을 모을 때는 그 목적에 맞는 금융상품인 적금과 예금을 이용하기를 추천한다. 세상에는 화려하고 기발한 재테크 방법이 많지만 가계부를 쓰면서 지출을 관리하고 적은 금액이라도 예·적금을 넣는 기본을 거치지 않고서는 모래 위에 쌓은 성처럼 작은 충격에도 무너지기 쉽다.

적금과 예금은 금융감독원 금융상품통합비교공시 사이트인 '금융상품한눈에'(finlife.fss.or.kr) 또는 '전국은행연합회 소비자 포털'(portal.kfb.or.kr) 홈페이지에 들어가면 각 은행별 예·적금 상품과 금리를 한 번에 찾아서 비교할 수 있다. 이외에도 몇몇 금융 인플루언서를 팔로잉 해놓으면 고금리 특판 적금이 나왔을 때 빠르게 정보를 알 수 있다.

청년을 위한 '미래 자금' 모으기 방법

만약 당신이 만 19~34세(차상위 계층은 만 15~39세)의 청년에 해당한다면 국가와 기업에서 혜택을 주는 다양한 저축상품들을 눈여겨보는 것이 좋다.

1. 청년내일저축계좌

중위소득이 50% 초과~100% 이하이고, 근로·사업소득이 매월 50만 원~250만 원 이하라면 매월 10만 원을 3년간(총 360만 원) 저축했을 때 정부에서 동일하게 360만 원을 지원해줘 3년 만기를 채우면 720만 원과 이자를 받을 수 있는 상품이다. 중위소득 50% 이하라면 정부에서 세 배 더 많은 금액인 1,080만 원(매월 30만 원)을 지원해주기 때문에 만기 시 총 1,440만 원과 이자를 받게 된다(www.bokjiro.go.kr/ssis-tbu).

2. 2025 내일채움공제

중소벤처기업진흥공단이 주최 기관이며, 중소기업에서 근무하는 만 34세 이하 청년이라면 가입할 수 있는 상품이다(군 복무 시 최대 만 39세까지). 가입 기간은 3년이며 중소기업의 정규직 근로자이며 '핵심인력'이라는 인정이 필요하다. 근로자와 기업이 1대 2 이상의 비율로 납입하는데, 예를 들어 근로자가 매월 10만 원, 사업주가 매월 24만 원을 납입하면 3년 만기 시 1,224만 원에 이자가 더해지는 구조다. 정규직 채용 후 6개월 이내에 신청해야 한다(sbcplan.or.kr).

3. 청년미래적금

2026년부터는 3년 만에 약 2,000만 원의 목돈을 만들 수 있는 '청년미래적금'이 도입된다. 기존의 5년 만기 '청년도약계좌'를 대체하는 제도로 연소득 6,000만 원 이하, 중위소득 200% 이하, 만 19~34세 청년이 대상이며 만기 기간이 1~3년으로 짧아진다. 일반 근로자, 자영업자(연매출 3억 원 이하), 프리랜서, 아르바이트 등 소득 증빙이 가능한 다양한 형태의 근로자가 가입할 수 있다. 일반형과 우대형(중소기업 취업 후 6개월 이내)으로 나뉘는데 일반형은 납입금의 6%, 우대형은 12%의 정부 매칭 지원금이 지급된다. 예를 들어 우대형으로 가입한다면, 매월 최대 한도인 50만 원을 납입하여 3년 만기 시 1,800만 원에 정부 매칭 지원금 216만 원, 총 2,016만 원에 이자가 더해진다. 다만 2026년 상반기 정식 출시 예정이기 때문에 추후 개정 여부나 세부 조건을 꼭 확인할 필요가 있다.

4. 거주 지역별 예·적금 지원 정책

이외에도 거주 지역별 유사한 지원 정책들이 있다. 서울시는 '희망두배 청년통장'으로 서울시에 거주하는 만 18세~34세 청년이 별도의 조건을 만족시키는 경우 2년 또는 3년의 약정 기간 동안 매월 10만 원 혹은 15만 원을 선택하여 저축하면 서울시에서 동일한 금액을 매월 적립

▶ 꿈나래통장 월 저축 가능 금액 및 지원 내용

본인 저축액		5만 원	10만 원	12만 원 (세 자녀 이상)
매칭 지원액		2만 5,000원	5만 원	6만 원
총 적립금	3년	270만 원	540만 원	648만 원
	5년	450만 원	900만 원	1,080만 원

출처: 서울시 자산형성지원사업 사이트, 2025년 '꿈나래통장' 신규참여자 모집 공고, 2025. 05. 26.

하는 형식으로 지원해준다(account.welfare.seoul.kr). 15만 원씩 3년 만기를 선택한다면 총 1,080만 원이 모인다.

'꿈나래통장'의 경우, 만 14세 이하의 아동을 양육하는 기준 중위소득 51% 이상~80% 이하인 가구에게 자녀의 교육비 마련을 독려하기 위해 3년 또는 5년간 매월 5, 10, 12만 원의 금액을 저축하면 동일한 금액 또는 50%의 금액을 적립해준다.

'경기도 청년 노동자 통장'은 기준 중위소득 120% 이하 가구의 청년이 매달 10만 원씩 저축하면, 2년 후 240만 원에 더해 100만 원의 지역화폐를 추가로 받을 수 있는 제도다(account.ggwf.or.kr). 서울과 경기 지역 외에도 '경남 모다드림 청년통장'(modadream.kr)처럼 거주 지역에 따라 청년을 대상으로 한 다양한 혜택들이 준비되어 있다. 다만 지자체에서 지원하는 저축상품은 국가 지원 계좌와 중복 가입이 불가능할 수도 있으니, 가입 전에 반드시 확인이 필요하다. 조건만 맞는다면 이런 제도를 적극 활용해 저축에 속도를 붙여보자.

고정비와 변동비 관리로
월 30만 원 아끼는 법

앞의 예시에서 내가 원하는 미래를 만들기 위해 부수입은 20만 원을 늘리고 지출은 30만 원을 줄여야 한다는 결론이 도출됐다. 그럼 이제부터 수입은 늘리고 지출은 줄이는 구체적인 방법을 알아보자.

일단 매월 지출을 예산 범위 내로 줄이기 위해서는 항목별로 줄일 수 있는 부분이 무엇인지 점검해봐야 한다. 다음과 같은 지출 점검표를 작성해 어느 항목에서 얼마의 돈을 절약할 수 있을지 확인해보자. 지금 딱 한 번만 신경 써서 알아보고 이대로 세팅해두면 앞으로 30년이 편해진다.

▶ 지출 점검표 예시

점검 항목		절감 목표	실천 방법
고정비	통신비	6만 원	알뜰폰으로 교체
	보험료	5만 원	보험 등 금융상품 리모델링
	자동차·교통비	2만 원	자동차세 연납, 가까운 거리 대중교통 이용
	관리비	2만 원	아파트 아이 앱, 탄소중립 포인트 에너지
변동비	식비	9만 원	외식 줄이기, 식단표 작성, 앱테크로 커피 사 먹기
	생활비	5만 원	중고 거래 활용
	문화비	1만 원	구독 서비스 점검, 초대권 응모
총 절약 금액			30만 원

고정비 15만 원 줄이기: 몇만 원도 30년이면 큰돈이다

매달 신경 써야 하는 변동비와 달리 고정비는 한 번 바꾸면 더 이상 신경 쓸 필요가 없어 유지하기가 쉽고 절약 효과도 그만큼 크다.

1. 통신비: 알뜰폰으로 갈아타기

그중 제일 먼저 손볼 항목은 통신비다. 2023년 6월 한국 소비자원이 조사한 결과에 따르면 1인당 월평균 통신 요금은 약 6만 6,000원이다. 부부 두 명이면 13만 원에 아이 키즈폰까지 있다면 15만 원이 금방이다. 이를 부모 두 사람만 월 2~3만 원대의 알뜰폰으로 바꾼다면 통신비를 6만 원 이상 줄일 수 있다.

알뜰폰은 이동 통신 3사(SKT, KT, LG U+)의 통신망을 빌려 이용자에게 저렴하게 통신 서비스를 제공한다. 별도의 기지국 구축 비용을 들이지 않기에 요금제가 저렴하고, 기존 통신망을 임대해서 사용하기 때문에 통화 품질에도 차이가 없다는 장점이 있다. 기존 이동 통신사처럼 데이터 무제한이나 부가 서비스가 결합된 상품도 다양하게 있고 약정이나 위약금이 없다는 것도 큰 장점이다.

원하는 핸드폰 공기계에 편의점, 통신사 대리점, 다이소, 인터넷 쇼핑몰 등에서 유심칩을 구입하여 넣는다. 유심칩은 무료부터 8,800원 이내라 몇 개월 뒤 더 저렴한 요금제가 타사 통신망에서 나오면 부담 없이 갈아탈 수도 있다. 그런 다음 알뜰폰 요금제를 비교할 수 있는 사이트 '모요'(moyoplan.com)에 들어가 원하는 금액과 서비스에 맞는 요금을 찾아 개통하면 끝이다. 미리 유심칩을 사지 않아도 사이트에서 바로 유심을 구매하면 퀵서비스로 빠르게 배송받을 수 있다.

알뜰폰에도 상품권 증정이나 네이버페이 증정, 편의점 할인과 같은 행사가 있다. 이를 활용하면 통신비를 월 1만 원 이내로 줄일 수도 있다.

실제로 나의 지인 중 몇몇은 할인 이벤트에 맞춰 7개월마다 요금제를 변경하면서 통신비를 월 1,000원대로 이용하고 있다.

2. 보험료 리밸런싱: 중복·과잉 보험 정리하기

다음으로 점검할 항목은 보험, 연금 등이다. 나는 20대 때 처음 재테크에 눈뜨면서 다양한 강의를 듣고 상담을 받았다. 그때마다 상품 가입을 권유받았는데, 그때 멋모르고 여러 상품에 가입했다가 결국 몇 개월 뒤에 손해를 보면서 해지하곤 했다. 내 상황에 맞지 않는 상품이 대다수였던 것이다. 결혼 자금 등 단기에 사용할 자금을 먼저 모아야 하는 20대에게 노후 대비용 장기 상품을 권유한다거나, 재직 시 회사에서 직원들을 위해 단체로 가입하는 실비 보험이 이미 있는데 중복되는 항목의 개인 실비 보험을 가입시키는 식이었다.

실비 보험은 중복으로 가입이 가능하지만 보험금을 받을 때는 중복으로 받을 수 없다. 만약 현재 단체 보험과 개인 보험이 중복으로 가입되어 있다면 개인 실비 보험은 일시 중단(납입 중단)했다가 추후 퇴직 시 1개월 내에 재개 신청을 하도록 하자. 또 미혼이거나 기혼이지만 가족의 생계를 책임지는 구성원이 아니라면 과다한 사망보험금 항목이 있는 보험은 줄이는 것이 좋다. 주로 가정 경제를 책임지는 기혼 남성이 사망 시 남은 유가족의 생계를 위해 가입하는 목적의 상품이기 때문이다.

잘 모르고 주변의 권유로 덜컥 보험에 가입했다가 해지할 경우 보험사가 운용하는 비용인 사업비를 빼고 돌려받기 때문에 손해를 볼 가능성이 높다. 금융상품은 최소 세 명, 세 곳 이상의 상담을 받아 교차확인 후 신중하게 가입해야 한다. 매달 내는 돈은 몇만 원이지만 30년을 납부한다고 생각하면 큰 금액이다.

3. 자동차 및 교통비: 자동차세 연납, 대중교통 환급 제도 챙기기

다음 점검 항목은 자동차 및 교통비다. 가장 대표적인 절감 방법은 자동차세 연납이다. 1월에 1년 치 자동차세를 한꺼번에 납부하면 약 5%를 절감할 수 있다. 3, 6, 9월에도 남은 기간이 줄어듦에 따라 할인율이 줄어들지만 연납 신청이 가능하니 활용해보자.

자동차 보험료는 손해보험협회(knia.or.kr) 사이트 소비자정보 항목 내 '보험다모아' 메뉴에서 비교해볼 수 있다. 가까운 거리만 오고 갈 경우 주행거리 특약, 블랙박스 또는 안전 장치를 설치할 경우의 특약, 그 외 자녀의 연령에 따른 특약 등 다양한 할인 제도들이 있으니 내 상황에 맞는 특약을 잘 챙겨보자. 보험다모아에 업데이트되지 않는 할인 이벤트를 하는 경우도 종종 있으니 보험사별로 다이렉트 견적을 받아 비교하는 것도 좋다. 가입하지 않고 견적만 받아도 커피 쿠폰 등을 주기도 한다.

자차 없이 대중교통을 주로 이용하는 사람이라면 월 15회 이상 대중교통을 이용했을 때 일반 20%, 청년(만 19~34세) 30%, 저소득층 53%를 적립해 지급하는 'K패스' 제도를 활용해보자. 210개 시군구 모두 이용 가능하다는 점이 장점이다. 추가 캐시백을 해주는 체크카드를 이용하거나 자녀가 두 명 이상인 경우 다자녀 등록을 하면 환급률이 올라간다.

서울에 거주하거나 서울로 출퇴근을 한다면 '기후동행카드'를 이용하는 방법이 있다. 청년(만 19~39세)이면 5만 5,000원, 그 외 6만 2,000원('따릉이' 포함 시 6만 5,000원)을 월 1회 충전하면 대중교통(지하철과 버스)을 무제한으로 이용할 수 있다. 다만 광역·시외·고속버스나 기차는 이용이 불가능하니 잘 따져봐야 한다.

서울에 살거나 직장이 있다면 '손목닥터 9988' 앱에 가입해 걸을 때마다 포인트를 받아보자. 하루 8,000보 걸으면 200포인트를 지급하고 주 3회 달성이나 퀴즈 풀기, 몸무게 입력 등으로 추가 포인트를 받을 수 있어 다른 만보기 앱보다 더 많은 포인트 적립이 가능하다. 이 포인트는 '서울페이'로 전환하여 생활비에 보탤 수도 있고 서울시 자전거인 '따릉이' 쿠폰을 구입하는 데 쓸 수도 있다. 가까운 거리는 걸으면서 포인트를 모으고, 조금 먼 곳은 따릉이를 타면 교통비도 절감되고 건강도 챙길 수 있으니 일석이조다.

4. 관리비: 캐시백과 마일리지 챙겨 받기

마지막으로 점검할 항목은 바로 관리비다. 먼저 아파트 관리비를 파악할 수 있는 '아파트 아이' 앱을 설치하는 것부터 시작한다. 처음 설치하는 거라면 친구에게 초대 코드를 물어보고 입력하면 관리비 납부할 때 현금처럼 쓸 수 있는 캐시를 친구와 내가 각각 1,000캐시씩 받을 수 있다.

이곳에서 관리비 결제를 '네이버페이'로 정기 결제하도록 설정하면 일정 금액을 네이버페이로 돌려주는 이벤트가 기간별로 자주 진행된다. 여기서 더 할인을 받고 싶다면 '하나머니' 앱을 깔아 하나머니를 충전한 후 충전된 하나머니를 '포인트 전환' 메뉴를 이용해 네이버페이로 바꾸면 하나머니가 1.5% 더 적립된다. 예를 들어 월 관리비가 10만 원일 때 네이버페이 정기 결제로 3,000원을 돌려받고 하나머니 전환으로 1,500원을 돌려받으면 총 4,500원을 아낄 수 있다.

아파트 아이 앱 내에서 '에너지 캐시백'에 가입해 신청하면 더 간단하게 할인이 가능하다. 한전에서 운영 중인 에너지 캐시백은 직전 2년 동안 같은 월의 평균 전기 사용량보다 3% 이상 덜 사용할 경우, 덜 쓰면 덜 쓸수록 다음 달 전기세를 더 많이 할인해주는 제도다. 신청하고 나면 안 쓰는 전기 코드를 뽑거나 의미 없이 켜놨던 불을 끄는 등 사소한 행동도 신경 써서 실천하게 되고 다음 달에 3,000원에서 1만 원 정도 눈에 보이는 할인을 받고 나면 보람을 느끼게 된다.

서울에 거주한다면 '에코마일리지'를 적립해 관리비를 납부하거나 지방세를 납부할 수 있다. 홈페이지(ecomileage.seoul.go.kr)에 가입해 전기, 수도, 도시가스, 자동차 운행 거리 등을 줄이면 마일리지를 받을 수 있다. 서울 외 지역은 '탄소중립포인트'(cpoint.or.kr) 사이트에서 비슷한 혜택을 받을 수 있다.

변동비 15만 원 줄이기:
구체적인 계획과 자기통제가 필요하다

한 번 예산을 짜고 고정비 세팅을 하고 나면 그 뒤로 가계부는 식비, 용돈 등 변동비 항목만 초과하지 않게 관리하면 된다. 변동비 항목 1~3개를 정해 거기에 해당하는 지출만 적다 보면 하루에 적을 내용이 다섯 개 이내로 줄어들어서 가계부 쓰는 일이 매우 가뿐해진다.

1. 새는 돈 틀어막는 봉투 생활법

아예 초과 가능성을 방지하고 변동비를 안정적으로 고정비화하고 싶다면 1개월 치 예산 금액을 따로 통장에 넣어 그 통장과 연결한 체크카드만 쓰거나, 현금으로 인출해서 일 단위로 쪼개 봉투에 넣어놓고 사용하는 방법이 있다. 일명 '봉투 생활법'이라 불리는 이 방법으로 가계를 운영해보자. 일정 금액을 지역상품권 할인 행사 때 구입했다가 돈 대신 넣어놓고 쓰면 더욱 절약이 가능하다. 돈을 빼간 자리에 영수증만 넣어놓으면 되니 관리 또한 편하다.

2. 외식 유혹 막는 주간 식단 준비

변동비를 줄이기 위해서는 가장 비중이 큰 식비를 먼저 점검해야 한다. 주말에 한 번 유튜브를 참고해 식단을 짠 후 일주일 치 재료를 미리 구매해두면 충동적인 외식이나 배달 음식 주문을 막을 수 있다.

3. 앱테크와 중고 거래를 적극 활용하자

캐시워크 등 앱테크를 활용해 커피를 해결하고, 책이나 옷은 중고 거래를 활용해 사고판다면 눈에 띄게 지출을 줄일 수 있다.

4. '도서관+이벤트 응모'로 돈 안 들이고 즐기는 문화생활

읽고 싶은 신간은 인근 도서관에 희망도서로 신청하고, 공연은 네이버 카페 '컬처블룸'을 통해 초대권에 응모한다면 저렴하게 문화생활을 즐길 수 있다.

5. 할인 혜택이 아무리 좋아도 '무지성 구매'는 금물

뜻이 맞는 사람들과 톡방을 만들어 핫딜 정보를 공유하는 것도 한 방법이다. 하지만 알뜰한 소비를 위해 할인 쿠폰을 사용하려다가 필요 없는 물건까지 지출하게 되어 오히려 지출이 느는 사례도 많으니 주의해야 한다. 이는 행동경제학에서 이야기하는 개념 중 하나인 심적 회계(동일한 금액이라도 출처나 사용 목적에 따라 다르게 인식하는 심리적 현상)와 자기통제 오류(계획한 대로 실행하려고 하지만 이를 방해하는 다른 요인들 때문에 스스로 통제가 되지 않는 현상) 때문이다. 싸다고 계획에 없는 물건을 사거나 한정된 시간과 에너지를 지나치게 투입하지 않도록 유의하며 현명하게 변동비 관리를 해야 한다.

돈 관리 인생 관리 5단계

부수입과 통장 관리로
월 20만 원 만드는 법

고정비와 변동비를 절약하여 지출을 줄이는 방법을 알아봤다면 다음으로는 추가적인 수입을 얻는 방법에 대해 살펴보자. 국민건강보험공단에서 제출한 '최근 3년간 연도별 건강보험 가입자 및 보험료 부과 현황'에 따르면 2024년 기준, 월급 외 소득으로 연 2,000만 원을 넘게 번 직장인이 80만 명을 초과하는 것으로 나타났다. 연 2,000만 원 이하까지 포함하면 퇴근 후 혹은 주말을 이용해 부수입을 올리는 사람은 더욱 많다는 얘기다.

앞의 예시에서 우리가 목표로 한 금액은 '월 부수입 20만 원'이라는 사실을 기억하자. 1개월에 20만 원이라면 연소득으로 따지면 240만 원이고, 이 정도 금액이라면 직장에 다니고 있어도, 특별한 기술이나 전문 지식이 없어도 누구나 충분히 벌 수 있는 금액이다. 약간의 정성과 부지런함만 있다면 말이다. 흔히 추가 수입을 위해 '투잡을 한다'고 하면 거창하거나 본업만큼 에너지를 쏟는 일이라고 생각할 수 있는데 그렇지 않다. 내 주변만 해도 아침마다 공모주 청약에 대한 정보를 주고받아 하루 1만~5만 원씩의 부수입을 올려 가족들이 먹을 치킨값을 해결하는 친구도 있고, 아웃렛에서나 세일 기간에 운동화를 싸게 샀다가 리셀 플랫폼 등에서 판매하여 월 몇십만 원의 부수입을 만들어내는 지인들도 많다. 불법적인 일만 아니라면 그게 어떤 형태든 부수입을 얻을 수 있는 일에 적극적으로 뛰어들어보자.

취미로 시작해 월급만큼 돈 버는 블로그 글쓰기

부수입을 얻는 방법은 자신의 능력과 상황에 따라 다양하다. 특히 요즘은 개인 SNS의 발달로 더욱 다양한 방식으로 부수입을 만들기가 쉬워졌다. 우리가 잘 알고 있는 인스타그램과 블로그가 대표적이다. SNS 운영은 정해진 시간에 출퇴근을 해야 하는 아르바이트보다 부담이 적으면서, 기록이 누적되면 새로운 수입 파이프라인을 창출할 수 있다는 장점이 있다.

워킹맘도 가능한 부수입 아르바이트

블로그를 통해 오랫동안 알고 지낸 닉네임 '명탐정'과 '구리'는 40대 워킹맘이다. 두 사람은 팔로어가 1,000~2,000명 정도 되는 블로그와 인스타그램을 운영하고 있는데, 이를 통해 거주 지역의 시민 기자단이나 기업 서포터즈 등에 응모하여 원고료로 월 1만~50만 원 정도를 받는다. 또 각종 체험단을 통해 외식비와 아이 체험학습을 무료로 해결하고 있으며 출근길에는 앱테크와 할인 정보 서치, 퇴근길에는 운동 삼아 집 가는 방향으로 배달 아르바이트를 한다. 주말에는 아이와 하객 알바 등을 마치 게임에서 미션 클리어하듯 재밌게 즐기고 있다.

육아맘, 드라마 리뷰로 월급 벌다

주부인 친구 A는 육아를 하며 집에서 할 수 있는 일을 고민하다가 블로그에 드라마 리뷰를 올리기 시작했다. 지금 재밌게 보고 있는 드라마, 그 드라마의 주연이 출연한 예전 드라마, 옛날에 재밌게 봤지만 지금 젊은 사람들은 잘 모르는 드라마 등을 요약해서 자신의 감상평과 함께 글을 꾸준히 올리자 네이버 인플루언서와 이달의 블로그에 선정되었다. 일일 방문자 수가 몇만 명이 되자 새로 론칭될 드라마나 주인공 패션 정보 등에 대한 홍보 원고 의뢰가 들어오기 시작했다. 그렇게 5년이 지나 해외로 거주지를 옮긴 그녀는 지금도 블로그 애드포스트 수입과 원고료로 월급 이상의 수입을 얻고 있다.

맛집 기록이 커리어 전환으로

원래부터 맛집 다니기를 좋아하던 닉네임 '릴리제이'는 블로그와 인스타그램에 자신이 다녀온 식당들을 기록용으로 적어놓았다. 그러자 리뷰를 본 여러 식당들에서 맛집 리뷰 요청이 들어오기 시작했고 그 기록들이 누적되자 맛집 정보를 얻기 위해 유입되는 사람들까지 늘어나게 되었다. 그렇게 SNS를 운영하면서 저절로 SNS 마케팅에 관심을 갖게 된 그는 자신의 SNS를 포트폴리오 삼아 기존에 다니던 직종에서 방향을 바꿔 마케터로 취업에 성공하게 되었다.

블로그 이웃의 힘으로 창업에 성공한 주부

스마트스토어 '동추원몰'을 운영 중인 닉네임 '명랑모험가'도 창업 전부터 운영하던 네이버 카페와 블로그가 현재의 도약에 큰 도움이 되었다. 그녀는 직장에 다니는 남편과 아이가 있는 평범한 가정의 주부로 풍선아트, 코칭 등 새로 배워나가는 내용을 블로그에 오랫동안 기록하고 있었다. SNS로 특별히 돈을 벌겠다는 생각은 없었고 그저 비슷한 사람들을 만나 교류하면서 일상의 즐거움을 얻기 위한 활동일 뿐이었다. 그러던 중 남편이 갑자기 회사를 그만두고 전혀 다른 분야의 가게를 차렸고 그녀도 남편과 함께 새로운 일에 뛰어들게 되었다. 그러자 그동안 그녀를 신뢰하던 오랜 블로그 이웃들이 자발적으로 주문 후 리뷰를 남겨주었고, 우연히 한 리뷰를 본 유튜버가 영상을 올리면서 주문이 폭주했다. 이 일이 발판이 되어 제조 공장을 확대하기 이르렀고, 현재는 스마트

스토어, 쿠팡, 배민 등에서 여러 제품들을 활발히 판매하며 사업을 이어나가고 있다.

가계부 기록 블로거에서 여행 인플루언서로

닉네임 '긍정의 마나'는 원룸에서 신혼 생활을 시작해 아들 둘을 키우면서 쓴 가계부를 블로그에 올렸다가 인생의 방향이 완전히 바뀐 케이스다. 그녀는 아이를 키우고 회사를 다니면서 시간 제약 없이 할 수 있으며 자본금이 들지 않아 망해도 손해가 없을 만한 일을 찾다가 블로그를 시작하게 되었다. 집에서 인터넷이 되지 않아 포스팅을 쓸 때면 와이파이가 터지는 근처 편의점으로 가야 할 정도로 어려운 환경이었지만, 그래도 꾸준히 글을 올렸다. 그러다 코로나19로 쫓겨나듯 퇴사를 하면서 블로그의 방향을 여행으로 바꾸게 되었다. 처음에는 그저 부모님, 아이들과 무료로 여행을 갈 수 있어 감사한 마음에 업체에서 원하는 이상으로 포스팅도 여러 번 남기고 부탁받지도 않은 인스타그램 릴스도 제작해서 올리는 등 정성을 다했다. 그러다 보니 점점 찾는 사장님들이 늘어났고 무료 체험을 넘어 원고료도 받게 되었다. 그럼에도 일감이 넘쳐 혼자 다 못 가는 상황이 되자, 주변 친구들에게 무료 여행 기회를 나눠주면서 후기는 이렇게 쓰면 된다고 알려주던 것이 현재 진행하고 있는 블로그 강의의 시초가 되었다. 지금은 '네이버 여행 인플루언서'에 선정되어 무료로 여행을 즐기며 서울시를 비롯한 여러 지자체에서 활발하게 블로그 강의를 하고 있다.

이렇게 블로그나 인스타그램 등을 운영하면서 다양한 채널의 브랜드 공식 계정을 팔로잉 해보자. 할인 코드나 쿠폰, SNS 이벤트를 자주 공유하니 그 기회를 잘 활용하면 각종 비용을 줄일 수 있다. 특히 뷰티, 식품, 전자기기 브랜드는 무료 체험단과 샘플 이벤트를 자주 여니 관심을 갖고 지켜보자. 쿠팡 체험단, 네이버 카페, 인스타그램, 틱톡 등에서 무료 샘플, 체험단 모집을 검색하면 쉽게 찾을 수 있다. 또 트위터(엑스)나 인스타그램에서 '나눔', '할인', '절약', '돈 모으기' 태그나 관련 계정을 팔로우하면 실시간으로 정보를 얻을 수 있어 이를 잘 활용하면 월 몇십만 원을 아낄 수 있다.

자동으로 굴러가는 돈 관리 시스템:
통장도, 카드도 쪼개자

내가 만들고 싶은 미래의 모습에 맞춰 수입과 지출을 세팅하여 가계부 예산을 짜고, 고정비와 변동비를 항목별로 점검했다면 마지막으로 할 일은 카드와 통장을 쪼개서 이 모든 걸 자동으로 굴러가게 만드는 것이다.

아끼려면 무조건 카드를 쓰지 말아야 한다는 시대는 지났다. 이제는 카드 할인과 혜택을 쏙쏙 빼먹는 현명한 소비가 대세다. 혜택을 똑똑하게 잘만 활용하면 오히려 현금보다 더 강력한 절약 도구가 되는 것이 바로 카드다.

1단계: 예산 항목별 카드 매칭하기

이를 위해 일단 이제까지 작성한 가계부 예산 항목을 쭉 보면서 30~50만 원 단위로 하나의 그룹을 만든다. 핸드폰 요금과 교통비, 용돈을 하나로 묶기도 하고 자동차 보험료와 주유비를 하나로 묶는 식으로 말이다. 그다음 그룹별로 가장 많은 혜택을 받을 수 있는 카드를 발급받아 항목별로 매칭시킨다. 학원비와 독서실 비용 등을 할인 및 페이백 해주는 카드는 교육비 항목에, 주유 및 정비 요금 할인이 있는 카드는 자동차로 출퇴근하는 남편의 용돈 항목에, 알뜰폰 비용 할인이나 교통비 할인이 있는 카드는 알뜰폰을 사용하는 아내 용돈 항목에 매칭하는 식이다.

2단계: 혜택 극대화를 위한 카드 묶기

식비 및 생활비처럼 예산이 큰 항목은 카드 혜택을 받을 수 있는 최소 사용 금액인 30만 원에 맞춰 카페 할인 혜택이 있는 카드, 마트 할인이 있는 카드 등 1~3개를 같이 매치시킬 수 있다. 확실한 관리를 원한다면 모두 체크카드로 사용해도 되고, 카드마다 항목과 간단한 혜택을 라벨링하여 붙여놓으면 사용하기가 더욱 편리하다.

3단계: 자동이체 설정으로 카드 관리도 자동화

수입이 들어오면 바로 정기지출, 비정기지출, 갚아야 할 돈(대출), 내 돈(저축 및 투자) 이렇게 네 개로 나누어 각각의 계좌로 이체하거나 자동이체 설정을 해서 바로 빠져나가게 한다. 그중 '정기지출'용 계좌에 앞서 지출 항목별로 매칭해놓은 여러 카드를 같은 날에 납부하도록 설정해놓는다. 이렇게 한 번만 세팅해놓으면 정기지출 계좌라는 하나의 몸통에 각종 혜택의 카드들이 팔다리처럼 각자 기능을 수행하게 된다.

 이렇게 시스템을 만들어놓으면 고정비는 알아서 빠져나가니, 나는 식비와 생활비, 내 용돈 두 가지 항목만 지출이 과도해지지 않게 관리하면 끝이다. 더 확실하게 관리하기 위해 전체를 체크카드로 관리하는 것도 좋다.

▶ **통장 및 카드 쪼개기 예시**

월수입 620만 원	계좌 1. 정기지출	식비/생활비 120만 원	A, B, C 체크카드 1일 예산 4만 원
		교육비/보험 120만 원	A 신용카드
		남편 핸드폰/교통/용돈 35만 원	B 신용카드
		아내 핸드폰/교통/용돈 35만 원	C 신용카드
	계좌 2. 비정기지출	관리비/경조사비 20만 원	
	계좌 3. 갚아야 할 돈	대출 원리금 상환 40만 원	
	계좌 4. 내 돈	저축/투자 250만 원	
	계좌 5. 예비비 및 비상금		

가계부 실패를 막는 '쿠션 계좌'의 중요성

이 중 관리비 및 경조사비 통장이 따로 필요한 이유는 매월 나가는 주기나 금액이 불규칙적이기 때문이다. 1년 총 지출 금액을 12개월로 나누어 별도의 통장에 넣어둔다면 난방비나 전기요금이 덜 나가는 달에 남는 금액을 더 나가는 달에 사용할 수 있다. 1년이 지나고 잔고가 남아 있다면 예비비 통장으로 옮기거나 다음 해에 사용하면 된다.

앞서 언급한 네 개의 계좌 외에 필요한 다섯 번째 계좌는 예비비 및 비상금 계좌다. 이 특별한 계좌는 예상하지 못한 지출이나 수입이 끊기는 상황이 발생했을 때 이에 대한 대비책으로 꼭 필요하다. 예비비는 저축액에서 일부 분리하거나 정기적인 수입 외 상여금 등으로 마련할 수 있다. 3개월 치 생활비 정도를 이자율이 높은 증권사 CMA통장이나 바로 해지할 수 있는 예금 통장에 넣어놓는 게 일반적이다. 예금에 넣어둘 때는 2~4개로 나눠서 넣는 게 좋은데, 그래야 전체 예금을 모두 해지하는 불상사를 막을 수 있기 때문이다. 만약 모으기 힘든 상황이라면 최소한 대출이라도 받을 수 있게 대출 여력을 일부 남겨두어야 만일의 일이 생겨도 생활의 근간이 흔들리지 않을 수 있다.

예비비 및 비상금 계좌는 또 하나의 기능이 있다. 바로 가계부 생활 초기의 시행착오 기간에 포기하지 않도록 도와주는 '쿠션' 역할을 한다는 점이다. 처음 가계부를 쓸 때 예산을 다소 빡빡하게 잡으면 익숙해지기 전까지 몇 번의 실패와 예산 조정을 겪기 마련이다. 사람 심리상 초반에 구멍이 하나 생기면 '나는 안 되나 보다'라는 생각에 전부 포기하고 흐지부지되기가 쉽다. 이때 예비비에서 돈을 빼 일단 문제를 매듭짓고 실천을 지속해나간다면 곧 습관이 자리 잡게 된다. 단, 부족해진 예비비는 추가 수입 등을 통해 메꿔놔야 한다.

또는 고정 수입 외 벌어들인 비정기적인 수입을 별도의 계좌에 모아놨다가 그 금액 안에서 특별 소비를 해결하는 방법도 있다. 나는 매번 다른 금액으로 들어오는 작고 귀여운 인세를 나의 '덕질 통장'에 모아두었다가 뮤지컬 관람과 같은 취미활동 비용으로 사용한다.

오늘의 계획이 내일의 성취를 만든다

통장 쪼개기에서 가장 중요한 점은 전체 생활 규모를 일정하게 유지하는 일이다. 매월 수입과 지출이 400만 원인 A 가족과 매월 지출이 300만 원인데 1년에 한 번 1,200만 원짜리 샤넬 가방을 사는 B 가족이 있다고 가정해보자. 두 가족은 동일하게 연 4,800만 원을 지출했다. 이렇게만 놓고 보면 사치품을 사는 B 가족이 문제라고 생각하기 쉽지만 실상은 그렇지 않다. 부득이하게 수입이 줄어드는 문제가 생겼을 때 B 가족은 그저 가방을 안 사면 되지만, A 가족은 생활 수준 전체를 조정해야 하기 때문이다. 따라서 가끔씩 터지는 '소비 요요'는 별도의 계좌 안에서 해결하고, 기본 소비는 일정하게 유지하는 습관을 노후까지 가져가는 것이 좋다.

회사에서 일을 할 때 우리는 계획을 세워 체계적으로 한다. 회사의 장기 목표를 확인하고, 그것을 이루기 위해 매년 부서별로 해야 할 일을 정하고 예산을 세운다. 그리고 일이 잘 진행되고 있는지 주간 보고, 월간 보고를 통해 현황을 파악한다. 그런데 회사 일보다 더 중요한 내 인생은 왜 그만큼 신경 쓰지 않는가? 지금부터라도 나만의 인생 목표를 정해 매월 가계부를 체크하고 1년에 한 번, 새해에 자산 변동을 기록해 나가보자. 그렇게 한 걸음씩 나아가다 보면, 내가 원하는 미래의 모습이 조금씩 다가오고, 차곡차곡 인생의 성을 쌓아 올린다는 벅찬 기쁨을 맛볼 수 있을 것이다.

제2장

[주식 투자]

방법은 쉽게,
시간은 길게,
수익은 크게

물가는 상승하고 자산의 가치는 흔들리는 시대,
단순히 저축만으로는 높아지는 물가상승률을 따라잡을 수 없고,
미래를 대비하기도 쉽지 않은 게 오늘날의 현실이다.
그런 까닭에 우리는 반드시 '투자를 위한 여정'을 떠나야 한다.
하지만 매일 바쁘게 일하는 개미 투자자가
개별 종목 주식 투자로 성공하기란 무척 어렵다.
그렇다면 매일 시장을 들여다볼 여유가 없는
평범한 투자자들은 어떤 식으로 투자를 해야 할까?
일상에서 실천 가능한 투자 전략을 익히고,
장기적으로 꾸준히 자산을 키워나갈 수 있는 길을 찾아보자.
복잡한 차트나 기업 분석 없이도
자산을 똑똑하게 키우는 방법은 분명 존재한다.

실질금리 마이너스의 시대에
필요한 투자는?

현재 60대 이상에 해당하는 우리 부모님 세대의 재테크는 무척 단순했다. 대출은 무서운 것이니 쳐다도 보지 말고, 알뜰살뜰 절약해서 돈을 모아 차곡차곡 적금을 들어 목돈을 만드는 것, 그게 재테크의 전부였다. 예·적금 금리가 무려 20%가 넘기도 했으니 열심히 모으는 것만으로도 어느 정도 풍족한 삶은 보장이 되었던 시절이다.

하지만 지금은 상황이 달라졌다. 2025년 8월 기준, 시중은행 예·적금 금리는 대략 2~3%대로 형성되어 있다. 간혹 5%가 넘는 특판이 나오긴 하지만 그마저도 온갖 우대 혜택이 적용되어야만 가능하다. 또한 대부분의 상품이 소액으로만 가입할 수 있게 되어 있다. 4%의 적금금리를 적용받았다고 해도, 물가상승률과 이자소득세를 제외하면 사실 실질금리는 겨우 1%가 채 되지 않거나 물가가 더 오르면 마이너스인 셈이다. 그래서 현재의 우리에게 적금은 이자 수익을 얻기 위한 상품이라기보다 저축 습관 형성을 위한 도구에 더 가깝다고 봐야 한다.

그렇다면 실질금리 마이너스의 시대를 사는 우리는 어떤 식으로 돈을 불려야 할까? 바로 주식 투자를 통해 복리 효과를 극대화해야 한다. 만약 오늘 주가가 1만 원인 A 주식을 매수했다고 가정해보자. 다음 날 이 주식이 10%가 올랐다고 가정하면 A 주식의 주가는 1만 1,000원이 된다. 만약 그다음 날에 또 10%가 올랐다면 이제 주가는 1만 2,100원이 된다. 처음 넣었던 금액을 기준으로 일정한 이자를 주는 예·적금과 달리, 이렇게 주가는 갱신된 금액을 기준으로 다시 수익이 발생하기 때문에 보유하는 자체로 '복리 효과'를 누릴 수 있다.

자산이 복리로 성장하는 원리를 '스노볼 효과'Snowball Effect라고 부른다. 산 위에서 굴린 작은 눈덩이가 산을 타고 내려오면서 점점 커져 산 아래에서 엄청나게 큰 눈덩이가 되는 것을 의미하는 말이다. 지금 작은 눈덩이(기초 투자금)를 만들고, 그 눈덩이를 되도록 눈이 많이 쌓인 산(높은 수익률)을 찾아 최대한 높이 올라가서 굴리면(장기 투자 기간), 처음의 작은 눈덩이와는 비교도 안 될 만큼의 큰 눈덩이를 만들 수 있다.

높은 수익률을 올릴 실력과 자신이 없다면 최대한 일찍 시작해서 투자 기간을 늘리는 것이 최고의 방법이다. 매월 월급의 일정 비율을 주식에 투자하면서 기존에 갖고 있던 주식에서 나오는 배당금을 다시 주식에 재투자하면 복리 효과는 가속화된다. 또 일찍 시작하게 되면 내 돈이 들어간 만큼 관심이 높아지므로 시간이 흐른 뒤에 높은 수익률을 올릴 방법 또한 찾아낼 수 있다.

나의 투자 흑역사: 투자에 한 방은 없다

투자를 시작할 때 가장 중요하게 생각해야 할 점은 처음부터 너무 큰 수익률을 목표로 잡아선 안 된다는 것이다. 투자의 세계에는 하루아침에 많은 돈을 벌었다는 사람들의 이야기가 넘쳐 난다. 누구는 사자마자 몇 퍼센트가 올랐다는 둥, 종잣돈이 몇 배로 불었다는 둥, 천으로 시작했는데 억이 되었다는 둥의 얘기를 듣고 처음부터 수익률을 과도하게 잡으면 과거의 나와 같은 일을 겪을 수도 있다.

대학 졸업 후 입사한 회사에서 만난 나의 사수였던 대리님은 우리 팀에서도 알아주는 '주식쟁이'였다. 주식을 잘 모른 채 입사했던 나에게 대리님은 종목 정보와 몇 가지 차트 기법을 알려주며 나를 주식의 세계로 이끌어주셨다. 그렇게 나는 대리님 덕분에 소소한 수익을 얻으며 투자의 재미를 알아갔다.

그러던 어느 날, 대리님이 무조건 지금부터 세 배 이상 간다며 종목 하나를 알려주셨다. 당시 나는 투자할 종잣돈이 조금밖에 없었다. 내가 가지고 있는 투자금에서 세 배가 되어봤자 너무 푼돈처럼 느껴졌다. 당시 나는 기존 매매에서 이룬 성공 경험 덕분에 대리님에 대한 믿음이 굳건했고, 쉽게 돈이 벌리자 나에게 투자 감각이 있다는 착각에 빠져 자신감이 엄청 높아져 있던 상태였다. 그렇게 '잠깐 대출받아서 투자했다가 금방 갚으면 되지'라는 안일한 생각으로 태어나서 처음 신용대출을 받았다.

분산투자, 분할매수의 개념도 몰랐을 때라 대리님이 알려주신 그 한 종목에 신용대출받은 돈을 죄다 '몰빵'했다. 때마침 남자친구와 결혼을 앞두고 있던 터라, 나는 최소 세 배라고 하니 오르면 팔아서 대출금을 갚은 후 나머지 두 배에 해당하는 수익금을 가지고 혼수를 마련할 계획이었다.

얼마 뒤 그 종목은 정말 대리님 말처럼 쭉쭉 오르기 시작했다. 나는 세 배 이상 오른다는 말이 마치 기정사실이라도 된 듯 아무 걱정 없이 주말마다 남자친구와 혼수를 고르며 즐거운 시간을 보냈다. 그러던 중, 거짓말처럼 미국에서 금융위기가 터졌다. 결혼할 날짜는 다가오는데, 내 주식계좌의 잔고는 점점 줄어들었다. 부모님께 말을 해야 했지만 차마 입이 떨어지지 않았고 잠 못 이루는 날들이 이어졌다. 많은 돈을 투자했던 대리님의 표정도 너무 어두워 이럴 땐 어떻게 해야 하는 거냐고 물어볼 수가 없었다. 결혼식 날짜가 가까워지며 혼수를 준비해야 하는 시기가 다가오자 부모님이 지금까지 모은 돈이 얼마나 되냐며 통장을 가져와보라고 하셨고, 결국 나는 이실직고할 수밖에 없었다.

이 사건이 큰 트라우마가 되어 나는 한동안 주식을 쳐다보지도 못했다. 시간이 흘러 본격적인 투자 공부를 하기 시작하면서 내가 사회 초년생 때 했던 행동이 얼마나 무모한 행동인지 깨달았다. 고점에 신용대출을 받아서 남의 얘기만 듣고 알지도 못하는 종목 하나에 '몰빵 투자'라니. 사회 초년생이었던 터라 신용대출이 조금밖에 안 나와서 망정이었지, 나이 먹고 무모한 패기 하나로 덤벼들어 대출금마저 컸다면 아마 회복하기 어려운 실패를 겪었을 것이다.

그 후 이 사건은 내게 하나의 이정표가 되어 적립식 투자를 생활화하게 해주었다. 단, 아주 가끔 지수가 단기간 급락할 때만 무리하지 않는 선에서 신용대출을 받아 지수 ETF를 며칠 동안 혹은 목표 가격대를 정하여 분할매수하는 방법을 철저하게 지키고 있다.

계좌 개설만 해도 절반의 성공

일단 주식 투자를 하기로 마음을 먹었다면 증권사의 주식계좌를 개설해서 직접 주식을 한 주라도 매수·매도를 해보는 것이 중요하다. 주식은 은행계좌 개설과 달리 신규 주식계좌를 개설하고 난 후에도, 어떤 회사의 주식을 어느 정도의 가격으로 매수하고 또 매도해야 하는지 스스로 고민해야 하기 때문에 조금 막막하게 느껴질 수 있다. 하지만 찬찬히 따라온다면 결코 어렵지 않다.

과거에는 가까운 증권사 지점을 직접 방문해야 계좌를 만들 수 있었지만, 최근에는 각 증권사의 MTS(Mobile Trading System) 앱을 다운받아 비대면으로 손쉽게 주식계좌를 개설할 수 있다. 본인 신분증과 본인 명의의 휴대전화, 타 금융기관의 본인 명의 계좌를 준비하여 증권계좌를 개설한다. 증권사 앱의 안내를 따르거나 각 증권사별 공식 유튜브에 올라온 안내 영상을 참고하면 간편하게 증권계좌를 만들 수 있다.

코로나 이후에 주식 투자 열풍이 불면서 각 증권사가 고객을 적극적으로 유치하기 위해 국내 및 해외주식 거래 수수료 인하 이벤트, 각종 투자 거래 지원금, 환율 우대 이벤트 등을 제공하고 있으므로 계좌를 개설하기 전 충분히 비교해보는 것이 좋다.

각 증권사별로 다수의 주식계좌를 만들 수가 있고 각 증권사 이벤트 일정에 따라 여러 개의 주식계좌를 개설할 수도 있다. 다만 은행을 포함한 모든 금융기관에서 새로운 계좌를 개설하면 20영업일 이내에 다른

▶ 증권사 거래 수수료 이벤트 예시(메리츠증권)

계좌를 만들 수 없다는 규정이 있으므로 이를 참고하여 적절히 계좌 개설을 해야 할 것이다.

만약 국내주식 외에 미국 등 해외주식을 거래하고자 한다면 계좌 개설 후 '해외주식 거래 이용', '해외주식 서비스 등록' 등을 별도로 신청해야 한다. 계좌 개설 후 팝업 창으로 안내해주는 증권사가 많으니 안내에 따라 신청하면 된다.

시작이 반이라는 말처럼 계좌를 개설했다면 거의 다 온 셈이다. 개설된 계좌에 갖고 있는 돈을 입금하면 주식 투자를 위한 모든 준비가 끝난 것이나 다름없다(해외주식을 살 경우에는 미리 환전을 해놓는다). 이제 마음껏 매수·매도 버튼을 누르자. 물론 그전에 어떤 주식을 어떻게 매수, 매도해야 하는지 공부해야 하지만 말이다.

초보일수록
미국주식이 답이다

처음 증권계좌를 만들고 나면 어떤 주식을 사야 할지 몰라 막막한 기분이 든다. 주식을 시작한다고 하면 주변 지인의 지인이 국내 바이오 주식에 투자해 큰돈을 벌었다는 이야기를 듣거나, 정보에 빠삭해 보이는 또 다른 지인이 추천하는 국내주식 종목 몇 가지에 대한 이야기들을 들을 수 있을 것이다.

그럼 초보인 우리도 사기 쉽고 듣기에도 친숙한 이런 국내 개별 주식에 투자하는 것이 좋을까?

미국주식에 투자해야 하는 이유 1:
우상향하는 시장이 가진 안정성

아래는 미국의 대표적인 주가지수인 'S&P500'의 과거 5년간 추이다. 급격한 금리인상으로 주가가 하락했던 2022년을 포함했음에도 지수의 고점을 계속 높여가는 전형적인 우상향의 모습을 보여주고 있다. S&P500은 5년 전과 비교하여 약 90% 상승했다.

그에 비해 우리나라 대표적인 주가지수인 코스피 지수의 과거 5년 동안의 추이를 보면 2021년 6월 25일 3,316이라는 지수 최고점을 2025년 9월 10일 3,317로 갱신하는 데 4년이 넘는 시간이 소요되었다.

만약 5년 전 같은 시점에 미국 주식시장에 투자한 사람과 국내 주식

▶ **S&P500 지수 5년 변동 추이**

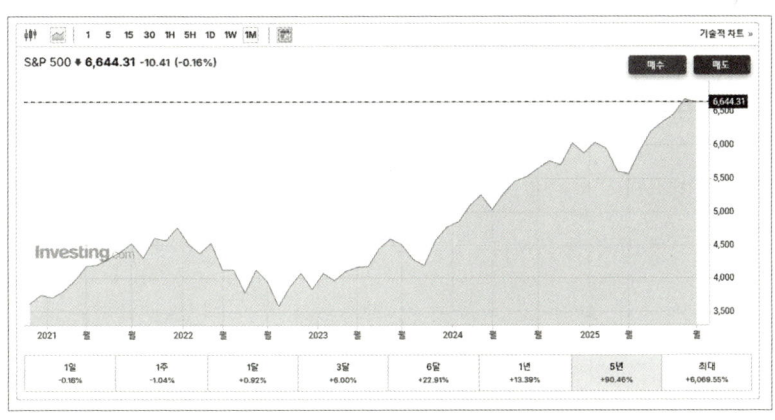

출처: 인베스팅닷컴, 2025.10.14 기준

▶ 코스피 지수 5년 변동 추이

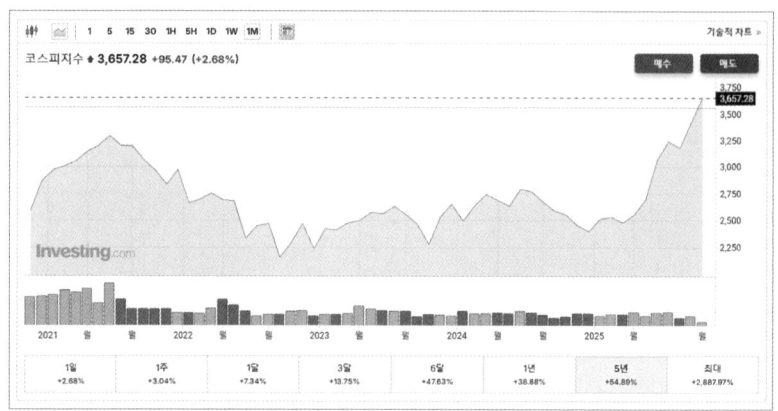

출처: 인베스팅닷컴, 2025.10.14 기준

시장에 투자한 사람이 각각 있다고 가정한다면 현재 투자 성과는 위 차트처럼 희비가 엇갈릴 수밖에 없다. 미국 주식시장의 경우 시간이 지날수록 우상향하는 모습을 보이는 데 반해 국내 주식시장은 지수 고점에 매수했다면 본전을 찾는 데만도 4년이라는 시간이 걸린다. 그만큼 국내 주식은 박스권 안에서 움직이는 기간이 길다.

그렇다면 미국 주식시장과 국내 주식시장은 왜 이러한 차이를 보일 수밖에 없을까? 기술력 및 고부가가치 서비스업에 기반을 둔 테크 기업들의 시가총액이 높은 미국과 달리, 우리나라의 시가총액 상위 종목은 반도체, 자동차, 화학, 조선 등 수출 의존도가 높은 제조업 기업으로 구성되어 있다. 그러다 보니 글로벌 경기 및 각 산업 사이클에 많은 영향을 받을 수밖에 없고, 이런 구조적인 문제 때문에 주가지수가 안정적으로 우상향하기가 어렵다. 그런 이유로 국내주식은 장기 보유보다는 글로벌 경기 및 산업 사이클에 따라 사고파는 것을 반복할 때 투자 성과가 더 나은 경우가 많다.

문제는 투자를 전문으로 하는 사람이 아닌 이상, 평범한 개인 투자자가 글로벌 경기 및 산업 사이클을 끊임없이 공부하고 거기에 맞춰 자주 주식을 사고팔기가 거의 불가능하다는 점이다. 주식을 처음 시작하는 사람일수록, 즉 안정적으로 수익을 내면서 '시장을 보는 눈'을 길러야 하는 사람일수록 국내주식보다는 미국주식에 주목해야 하는 이유가 바로 여기에 있다.

미국주식에 투자해야 하는 이유 2: 안전자산 보유 효과를 누려라

또 주가는 돈이 몰릴수록 더 오르는 경향을 보인다. 현재 전 세계에서 가장 큰 주식시장은 미국으로, 2위인 중국과도 거의 아홉 배 이상 차이가 난다. 전 세계 투자 자산 총액 순위를 봐도 금, 비트코인을 제외하고는 미국의 기술기업인 애플, 엔비디아, 마이크로소프트, 아마존, 구글 등이 차례대로 상위권에 랭크되어 있다.

우리나라만 해도 개인이 미국주식에 자유롭게 투자할 수 있게 된 건 그리 오래되지 않았다. 앞으로 더 많은 나라에서, 더 많은 사람이 미국주식에 접근할 수 있게 되면 현재의 시장 규모와 기술주 위주의 성장성을 고려할 때, 전 세계의 투자금은 더더욱 미국으로만 몰리게 될 것이 분명하다. 이는 미국 주식시장의 우상향을 더욱 공고히 해주는 윤활유 역할을 할 것이다.

   미국주식에 투자해서 얻을 수 있는 또 다른 장점은 주식을 달러로 매수하고 주식을 보유하면 달러 보유와 마찬가지 효과를 얻는다는 점이다. 국제 정세가 안 좋을수록 안전자산으로 분류되는 달러의 인기는 올라간다. 아래 달러/원 환율 40년 변동 추이를 보면, IMF 시기에는 환율이 1,900원을 넘었고, 2008년 리먼 사태 때는 1,500원 이상까지 올라간 것을 알 수 있다. 현재도 미국 기준금리와 우리나라 기준금리의 차이 등으로 1,400원 전후의 높은 환율을 보이고 있는 실정이다. 만약 금융위기

▶ **달러/원 환율 40년 변동 추이**

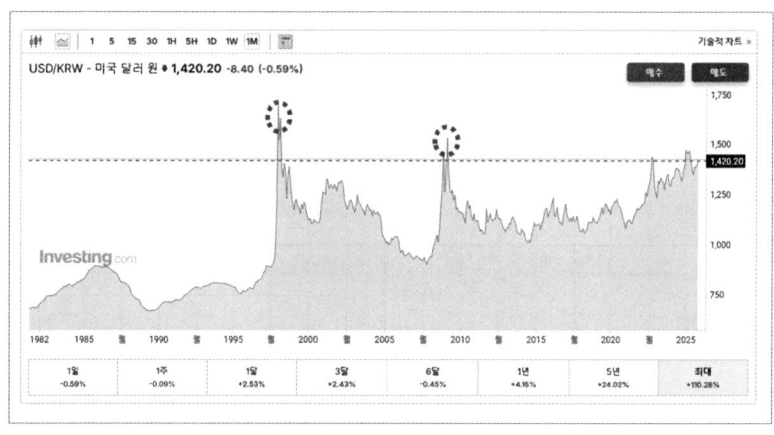

출처: 인베스팅닷컴, 2025.10.14 기준

같은 주가에 안 좋은 일이 발생하더라도 환율은 오를 가능성이 커 미국주식을 보유한 계좌의 손실은 국내주식을 보유한 계좌에 비해 상대적으로 적을 가능성이 크다. 따라서 이제 막 투자를 시작한다면 투자 난이도가 높은 국내주식보다는 달러 보유에 따른 안전 쿠션이 한 겹 더 있는 미국주식에 투자하기를 추천한다.

신흥국 투자 시 유의할 점

간혹 해외주식 중에 미국이 아닌 성장성이 높은 해외 신흥국 주식을 사는 것은 어떨지 고민하는 사람이 종종 있다. 하지만 신흥국들의 경우 해당 통화가 달러보다 안정적이지 않아 원화 보유의 헤지 효과, 즉 리스크 감소 효과를 누리기가 어렵다. 또 대중적인 미국주식보다 기본적인 거래 수수료가 높고 거래 단위도 한 주가 아닌 경우가 있어서 소액으로는 우량주를 사기 어렵다. 미국에 비해 해당 국가의 주식에 대한 정보를 얻기 어려운 탓에 어떤 이벤트가 발생했을 때 적극적으로 대처가 쉽지 않다는 점도 단점이다. 만약 너무 미국에 치중해서 투자하는 것이 걱정된다면 소액 정도는 개별 주식이 아닌 국내 자산운용사에서 운용하는 신흥국 지수추종 ETF에 투자해보기를 추천한다.

'종목'보다 중요한 '지수 감각'을 기르자

주식 투자를 하기로 결심했다면 일반적으로 '어떤 종목을 살 것인가'에 대한 고민이 90%를 차지하게 된다. 하지만 이는 숲을 보지 못하고 안의 나무만 보는 격이다. 널리 알려진 증시 격언 중에 "시장을 이기는 종목은 없다."라는 말이 있다. 이는 시장의 흐름을 읽는 것이 개별 종목 매수·매도에 앞서 가장 우선시되어야 함을 의미한다. 시장의 흐름은 '지수'로 표현되기에 이 지수의 움직임을 항상 다른 주요 지표(환율, 유가, 채권금리 등)와 함께 체크하며 지수 감각을 기를 필요가 있다.

이렇게 이야기하면 어차피 사서 기다리기만 하면 오르는데 왜 지수의 움직임을 알아봐야 하는지 의문이 들 수 있다. 지난 몇 년 동안 지속된 미국주식의 강세장으로 '미국주식은 오늘이 제일 싸다'라는 인식이 당연시되고 있기 때문이다.

장기투자에도 시장을 읽는 눈은 필요하다

다음 그래프는 S&P500과 나스닥 종합지수의 지난 5년간 추이를 보여준다. 지난 5년간 우상향하는 미국의 주식시장도 원으로 표시된 부분처럼 조정되는 시점은 항상 있어왔고, 앞으로도 반드시 올 것이다.

아무리 우상향하는 시장이라도 고점에서 가진 투자금을 모두 소진하게 되면 투자 경험이 많지 않은 평범한 사람은 보통의 멘탈로는 버티기 어렵다. 다들 투자를 시작할 때 장기투자를 목표로 시작하지만, 평가손실이 커지면 누구나 '지금 내가 제대로 투자하고 있는 건가?' 하는 의문을 가질 수밖에 없고 끊임없이 손절의 유혹에 시달리게 된다.

따라서 아무리 장기투자자라도 지금 시장이 어느 정도 위치에 왔는지, 저점 근처인지 고점 근처인지 정도는 간략하게라도 알고 그에 따른 매수·매도 전략을 수립하는 게 좋다. 그래야 다음 그래프에서 원으로 표시된 부분에서 과감하게 추가 매수해 수익률을 높일 수 있다. 또한 고점에서 고점인지 모르고 TQQQ ProShares UltraPro QQQ(미국 나스닥100 지수 일일 수익률 세 배 추종 ETF), SOXL Direxion Daily Semiconductor Bull 3X Shares(미국 반도체 산업 지수 일일 수익률 세 배 추종 ETF)과 같은 레버리지 ETF 상품에 투자

▶ **S&P500 지수 및 나스닥 종합지수 5년 변동 추이**

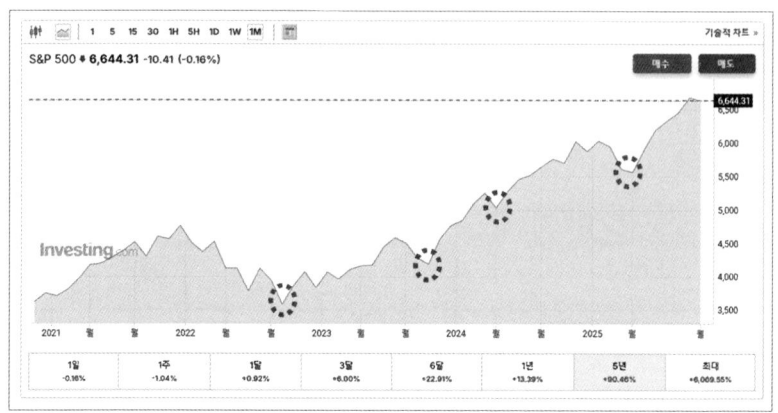

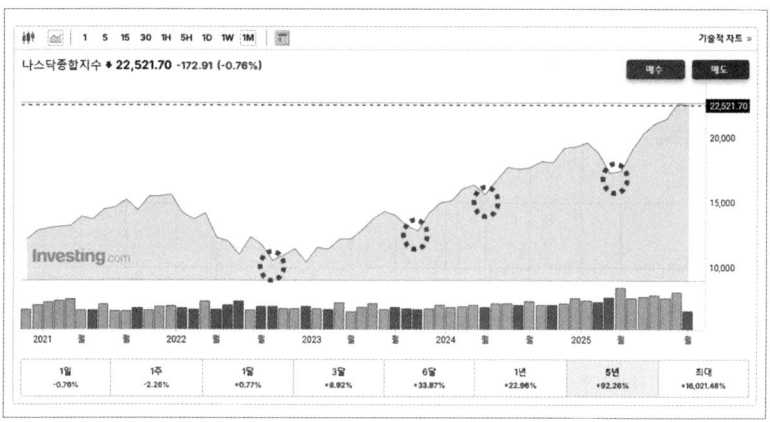

출처: 인베스팅닷컴, 2025.10.14. 종가 기준

한다거나 무리하게 대출을 받아 투자하는 악수를 피할 수 있다.

　뉴스에 나오는 대형 증권사 애널리스트나 월가의 유명한 투자자들도 주식시장을 잘못 예측하는 경우가 아주 많다. 그만큼 주가에 대한 전망은 맞추기 어려운 것이다. 그러므로 우리는 미래에 대해 '전망'을 하는 것이 아니라, 계속 주식시장을 들여다보면서 지금이 저점인지 고점인지 느껴보며 '감각'을 키우는 데 초점을 맞춰야 한다. 저점 근처에서는 공포를 넘어 조금 더 과감하게 행동하고, 고점 근처에서는 탐욕을 줄이며 스스로 투자 실력을 쌓아가는 것이 중요하다.

한국과 미국 주가지수, 환율, 유가, 채권금리 등을 매일 본다고 해서 당장 큰 변화를 느끼지는 못한다. 하지만 이런 지표들을 매일 체크하고 기록하다 보면 1년 중에도 몇 번은 찾아오는 크고 작은 폭의 조정을 바로 알아볼 수 있다.

나는 매일 안전하게 거래하는 투자 자산 외에 미래에 사용할 여행 비용을 따로 모아 별도로 투자하고 있다. 그러다 2022년 크게 하락장을 맞았고 '계속 오르기만 하는 자산도, 계속 내리기만 하는 자산도 없다'는 생각에 매일 지수를 모니터링하면서 기회를 엿보았다. 그러다 어느 날 하락장 막바지임을 느끼게 되었고, 소액이라 과감하게 투자할 수 있는 여행 비용을 나스닥100 지수가 상승했을 때 세 배 더 수익을 볼 수 있는 TQQQ 레버리지 상품에 투입했다. 그 결과 약 네 배가 넘는 큰 수익을 맛볼 수 있었다.

각종 지표를 매일 체크한다고 해도 하루 5분이면 충분하다. '네이버페이' 앱을 다운받으면 국내 주요 주가지수(코스피, 코스닥) 및 미국 주요 주가지수(S&P500, 나스닥 종합, 나스닥100)뿐만 아니라 환율, 유가 및 금 시세, 미국 국채 수익률, 비트코인 등 가상화폐 시세까지 핸드폰으로 손쉽게 조회가 가능하다. 평일 일과 시작 전 이런 주요 지표를 체크하는 습관

▶ 네이버페이 증권 앱 화면 예시

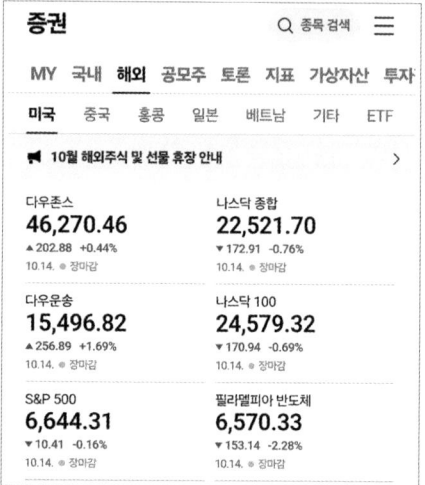

을 꾸준히 들인다면 지수 감각을 자연스럽게 기를 수 있고 1년 중에도 몇 번씩 찾아오는 크고 작은 기회들을 포착해 충분히 수익을 맛볼 수도 있다.

 지금 당장 큰 수익을 얻고 싶은 욕심에 이런저런 종목을 찾는 데 에너지를 쏟기보다 하루 단 5분이라도 시간을 들여 시장을 보는 눈을 먼저 기르자. 그 감각이 여러분의 투자를 더 높은 수익률로 이끌 것이다.

모르면 손해 보는
미국장 거래 시 주의사항

미국주식 투자에 대한 이야기를 할 때 대부분의 사람이 '어떤 종목을 사야 하는가?'에만 치중해 정작 '어떤 절차를 거쳐 어떻게 거래가 진행되는가?'에 대해서는 말하지 않는 경우가 많다. 종목(기업)과 지수가 중요하지 절차는 그다지 중요하지 않다고 생각하기 때문이다. 그러나 초보자들은 국내 주식시장과 거래 시간이 다를 뿐 아니라 외화로 거래를 하다 보니 그냥 매수 혹은 매도 버튼을 누르기만 하면 되는 것이 아니라서 시작도 하기 전에 뭔가 장벽에 부딪히는 느낌을 받곤 한다. 국내주식 거래와 비슷한 듯 다른 해외주식 거래 시 유념해야 할 몇 가지 실질적인 부분들을 살펴보자.

달러 환전은 주간에 한다

미국주식을 사려면 달러로 거래를 해야 하기 때문에 일단 주식 거래 전에 원화를 달러로 바꾸는 환전 작업이 필요하다. 대부분의 증권사 주간 환전 시간은 오전 9시부터 오후 4시 또는 4시 30분까지다. 이 시간 동안은 다양한 외화를 실시간으로 환전할 수 있다. 일부 대형 증권사의 경우 오후 4시 또는 4시 30분 이후부터 익일 오전 2시까지 달러 환전에 대해 야간 환전 서비스를 제공하고 있으나, 매매 기준율을 적용하는 주간 환전과 달리 야간 환전은 매수·매도 기준 환율을 적용하기 때문에 상대적

▶ **목표 환율 환전 서비스 예시(키움증권)**

으로 환율에서 손해를 볼 수 있다. 또한 환전 한도에 제한이 있는 증권사가 많기 때문에 환전은 되도록 주간에 하기를 추천한다.

환율은 어차피 매일매일 변하므로 시간적 여유를 가지고 환전을 할 수 있다면 일부 증권사에서 제공하는 '목표 환율 환전 서비스'를 통해 조금이라도 유리하게 환전하길 바란다. 내가 환전을 희망하는 목표 환율과 기간을 미리 설정해놓으면 내가 지정한 기간 동안 목표 환율 아래에서 자동으로 환전된다.

환전하지 않고 간편하게 미국주식을 살 수 있는 방법도 있다. 대부분의 증권사가 환전하지 않고 미국주식을 주문할 수 있는 '원화 주문 서비

▶ 원화 주문 서비스 예시(키움증권)

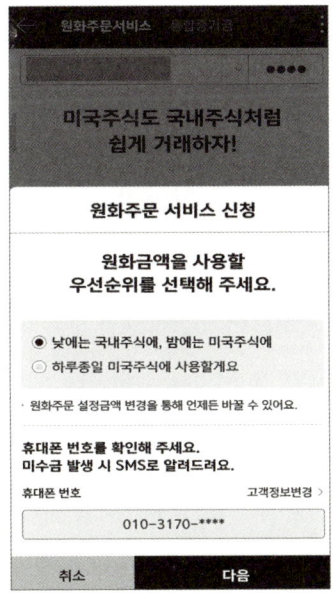

스'를 제공하고 있다. 증권사 MTS를 통해 원화 주문 서비스를 신청하고 미국주식을 내가 가진 돈(예수금) 내에서 원화로 주문하면 된다. 이때 적용되는 환율은 가환율(임시 환율)로, 일반적으로 직전 영업일 종가 환율에 일정 비율(±5% 정도)을 적용한 값이다. 따라서 주문일 익영업일에 실제 체결된 금액만큼 자동으로 환전이 이루어지고, 이때 적용되는 환율이 실제 환율이라고 보면 된다(가환율과의 차이는 자동으로 정산된다).

매매 거래 시간은 서머타임을 고려한다

미국은 뉴욕을 기준으로 한국보다 14시간이 느리다. 시차가 있다 보니 거래 시간에도 당연히 차이가 생긴다. 미국주식의 거래 시간은 현지 시간 기준 오전 9시 30분부터 오후 4시까지로, 한국 시간으로 환산하면 밤 11시 30분부터 오전 6시에 해당한다. 이런 시차에 유념해 미국 시장의 주요 이벤트나 휴장일들을 잘 확인하고 거래해야 한다.

또 미국은 서머타임이 존재하여 그 기간 동안은 한 시간 앞당겨서 장이 시작하고 끝난다. 서머타임 기간은 3월 둘째 주 일요일부터 11월 첫째 주 일요일까지로 꽤 길다. 겨울을 제외하면 한국 시간으로 오후 10시 30분에 정규장이 시작되어 오전 5시에 끝난다고 기억하면 된다.

실시간으로 거래를 한다면 좋겠지만 매일 밤을 샐 수는 없으니 미국장이 열리는 시간 외에 미국주식을 거래하는 방법을 활용하면 좋다. 정규장 시작 전의 프리마켓(한국 시간 18:00~23:30, 서머타임 미적용), 정규장 이후 애프터마켓(한국 시간 06:00~08:00, 서머타임 미적용, 증권사별 차이 있음)에서도 미국주식을 거래할 수 있다. 하지만 이 시간대에는 거래량이 적고 변동성이 크기 때문에 초보자라면 이 시간대의 거래는 그리 추천하지 않는다. 대신 내가 매수 혹은 매도하고자 하는 종목이나 주가에 대해 결심이 섰는데 시간적인 제약 때문에 정규장에 참여하기 어렵다면 각 증권사의 MTS에서 제공하는 '예약 주문 서비스'를 이용하도록 한다.

한 주당 금액이 너무 크다면 소수점 매매부터

미국주식의 매매 단위는 국내주식과 마찬가지로 한 주이며 국내 증권사의 MTS에서는 달러의 소수점 둘째 자리인 센트까지 주문 입력이 가능하다. 하지만 실제 현지에서는 소수점 넷째 자리까지 입력할 수 있기에 호가창의 주식 시세나 체결 상황에서는 소수점 넷째 자리까지 금액이 나타난다.

애플, 엔비디아 같은 우량주를 사고 싶은데 주당 가격이 너무 높아서 부담이 될 때는 소액으로 매수하는 소수점 투자를 활용해보자. 요즘은 각 증권사에서 해외주식 소수점 거래 서비스를 제공하면서 1달러 혹은 0.0001주 단위로 쪼개서 소액으로도 미국 우량주에 투자할 수 있게 만

▶ 소수점 주문 예시(키움증권)

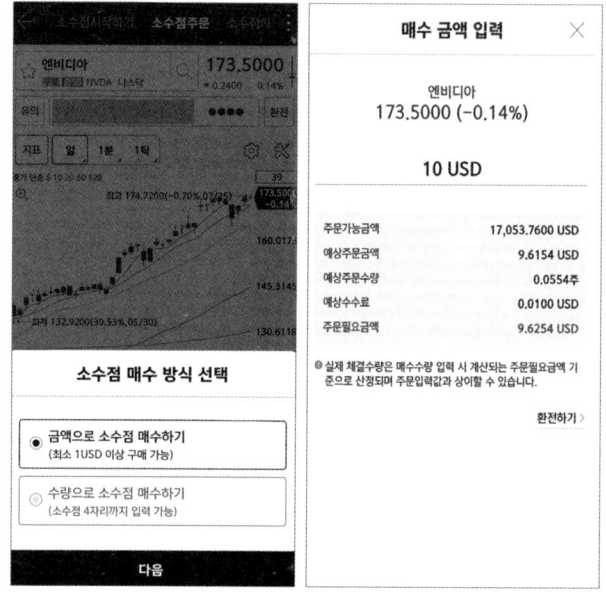

들었다. 조금씩 사 모으다가 한 주 이상이 되면 일반 주식(온주)으로 전환할 수도 있다. 소액이라도 매월 우량 자산에 적립하는 습관을 들이고 싶은 사회 초년생이나 용돈의 일부라도 모아 투자를 해보고 싶은 어린이와 청소년에게 굉장히 좋은 서비스이니 이용해보길 추천한다.

또 국내주식은 상한가, 하한가 폭이 30%인 데 비해 미국주식은 가격 등락에 제한폭이 없다는 것이 특징이다. 이는 오를 때도 크게 오르지만 떨어질 때도 크게 떨어지는 변동폭이 매우 큼을 의미한다.

미국주식의 경우 주문 체결은 실시간으로 되는 데 반해 정산과 출금이 이루어지는 결제는 현지에서 T+1(1영업일)이 걸린다. 미국이 우리나라보다 시차가 늦은 것을 고려하면 국내주식과 마찬가지로 T+2(2영업일)가 소요되는 셈이다. 따라서 미국주식을 현금화할 때는 매도 후 2일 후에 매도 대금을 환전할 수 있고 원화로 출금도 가능하다는 점을 염두에 두어야 한다.

해외주식도 세금을 낸다

국내주식과 해외주식의 가장 큰 차이점 중 하나가 바로 세금이다. 아주 미미한 수준의 증권거래세를 내는 국내주식과는 달리 해외주식은 주식을 매도하여 발생한 수익에 대해 양도소득세 22%(양도소득세 20% + 지방소득세 2%)를 내야 한다. 이러한 양도소득세 때문에 지레 겁을 먹고 미국주식 투자를 막연하게 두려워하는 경우를 종종 보았다.

부동산은 양도차익이 많아지면 세율이 높아지는 누진세율이 적용되고, 단기 매매의 경우 매우 높은 세율이 적용되는 데 반해 해외주식은 단일세율 22%라 세금에서는 부동산 투자보다 훨씬 유리하다고 볼 수 있다. 기본적으로 양도소득세는 '수익'에 대한 세금이기 때문에 수익을 많이 내는 것이 관건일 뿐 미리 겁먹을 필요 없다.

해외주식 매매차익에 대한 세금은 해당 연도에 발생한 모든 해외주식의 매매손익을 더한 후 기본공제 250만 원을 뺀 금액에 세율 22%를 곱한 금액이다. 이 금액을 다음 해 5월에 양도소득세로 신고 및 납부하면 된다. 신고 과정이 복잡할까 봐 걱정할 필요가 없는 것이 많은 국내 증권사에서 양도소득세 신고 대행 업무를 해주고 있으니 이를 잘 활용하자. 내가 거래한 증권사를 통해 손쉽게 양도소득세 신고절차가 이루어지며, 나는 추후 고지된 납부서에 따라 해당 금액을 납부하기만 하면 된다. 미국주식의 이러한 높은 양도소득세는 거래의 허들 역할을 해서 잦은 매매를 방지하고, 그 결과 장기투자를 가능하게 만든다는 점에서 긍정적인 측면도 있다.

정답 없는 주식시장,
나에게 맞는 종목 고르는 법

미국주식에 투자하기로 마음먹고 매매 절차에 대해서도 기본적인 공부를 마쳤다면, 이제 본격적으로 어떤 주식을 사야 할지 공부해보자. 그런데 초보자들은 왜 미국주식 투자를 겁내는 걸까? 미국주식 투자가 많이 대중화된 편이라 정보는 여기저기 많은데 나에게 맞는 정보를 골라서 선택하는 것이 더 어렵기 때문이다.

어떤 사람은 '매그니피센트 7'(2023년부터 AI 기술혁명의 수혜를 받아 큰 폭의 주가 상승을 이끌어낸 빅테크 기업 일곱 종목. 애플, 마이크로소프트, 알파벳, 아마존, 테슬라, 엔비디아, 메타) 종목을 사면 된다고 한다. 또 어떤 사람은 배당을 따박따박 받아야 안정적으로 길게 투자할 수 있다며 코카콜라나 존슨앤존슨 같은 대표적인 배당주를 추천한다. 또 다른 사람은 유망 종목은 계속 바뀌는 법이라며 그에 구애받지 않도록 SPY_{SPDR® S&P500® ETF Trust}, QQQ_{Invesco QQQ Trust}와 같은 미국 지수추종 ETF를 오랫동안 사 모으는 투자가 최고라고 말한다. 이 중 어떤 것이 정답일까? 정답은 '투자하는 사람의 자산 규모와 연령대, 그리고 투자 성향에 따라 다르다'이다.

개별 주식 고르는 팁 1:
성장주에 투자하기 vs. 배당주에 투자하기

일단 어떤 종목에 투자할지 결정하기 전에 꼭 알고 넘어가야 하는 것이 있다. 바로 우리가 흔히 말하는 '빅테크' 혹은 '기술주'를 의미하는 '성장주'와 꾸준히 배당을 주는 '배당주'의 투자 콘셉트 차이다. '성장주'라고 해서 배당을 아예 하지 않느냐 하면 그렇지 않다. 또 배당주라고 해서 주가와 배당이 계속 안정적으로 유지되는 것도 아니다.

성장주에 투자하는 것은 '주가 상승'에 중점을 두고 하는 투자이기에 배당과 같은 현금흐름은 기대하기 어렵다. 그러나 주가 상승 과정에서 액면분할을 자주 시행하는 경우가 많아 그것이 더 주가 상승을 일으키는 선순환을 가져오며 보유 주식 수가 늘어나게 된다는 장점이 있다.

배당주 투자의 장점은 코카콜라, 존슨앤존슨과 같은 미국의 전통적인 배당주들의 사업모델 자체가 매우 안정적이라는 점이다. 주가 또한 변동성이 적고 일정 주기에 따라 배당금을 지급하기 때문에 현금흐름을 안정적으로 확보할 수 있다는 것이 가장 큰 장점이다. 마치 상가, 오피스텔 같은 수익형 부동산으로 월세를 받는 것처럼 말이다.

따라서 당장 현금흐름이 필요한 나이가 아니라면 배당주보다는 성장주를 매수해서 어느 정도의 자산을 먼저 모으기를 추천한다. 투자금이 적을수록, 나이가 젊을수록 성장주에 집중 투자해서 자산의 규모를 최대한 키우고 난 뒤, 나이 들어 안정적인 현금흐름이 필요해졌을 때 배당주로 자금을 이동시킨다면 노후에 일정하게 지속되는 현금흐름을 확보할 수 있다.

하지만 개인의 성향상 성장주의 주가 변동폭이 너무 커 장기 보유가 힘들 것 같아 투자가 꺼려진다면, 일단 배당주에 투자해놓고 안정적인 배당금으로 성장주를 모아가는 것도 하나의 방법이다. 다만 투자금의 규모가 크다면 포트폴리오 전부를 성장주로 채우기보다 리스크 관리 차원에서 성장주와 배당주 비중을 적절하게 나누는 것이 좋다.

개별 주식 고르는 팁 2:
시가총액 상위 종목 매수하기

우리나라 사람이 국내주식에 투자하기로 마음먹었을 때 제일 떠올리는 종목은 아마도 '삼성전자'일 것이다. 삼성전자가 국내 주식시장 시가총

▶ 네이버페이 증권 앱 미국 시가총액 상위 종목 조회 예시(2025.10.14 기준)

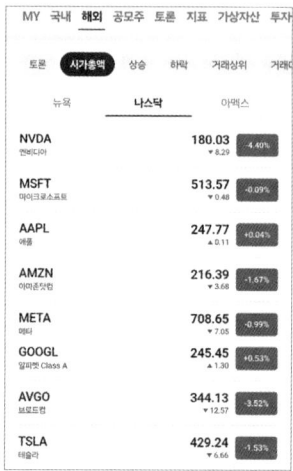

액 1위로 한국 주식시장을 대표하는 기업이기 때문이다. 그렇다면 미국의 시가총액 1위 기업은 어디일까? 바로 미국 AI 칩 왕좌의 주인공 '엔비디아'다. 미국 주식시장을 대표하는 기업들의 주식을 매수하고 싶다면 미 주식시장 시가총액 상위 종목들을 검색한 후 매수하면 된다. 시가총액별 상위 종목은 각 증권사 앱에서 검색이 가능하며 앞에서 언급한 네이버페이 앱에서도 손쉽게 찾아볼 수 있다.

미국 주식시장의 시가총액 상위 종목을 보면 우리에게 친숙한 기술주이자 성장주들로 이루어져 있으나, 애플은 아이폰, 아이패드와 같은 모바일 디바이스를 만드는 회사이고 엔비디아는 AI칩, 테슬라는 전기차 등 사업모델이 제각각 다 다르다. 따라서 장기 보유를 위한 투자라면 주식을 매수하기 전에 해당 기업의 사업모델, 성장 잠재력, 경영진의 경영

철학, 주가 추이, 기업이 주주 친화적인지 등을 충분히 고려한 후 매수하는 것이 중요하다.

개별 주식 고르는 팁 3: 국민연금 포트폴리오 커닝하기

만약 위의 시가총액 상위 종목 중 '어떤 종목을, 얼마나' 매수해야 할지 막막하다면 투자의 고수 '국민연금'의 포트폴리오를 참고하는 것도 좋은 방법이다. 국민연금은 우리나라의 대표적인 투자기관이고 해외주식 투자 비중(35.8%, 2025년 7월 말 기준)이 국내주식 비중(15.3%, 2025년 7월 말 기준) 대비 두 배가 넘을 만큼 해외주식 투자 전문가다. 우리나라 최고의 리서치 및 운용 인력들이 국민연금의 해외주식 투자를 담당하고 있고, 최근 몇 년 동안의 운용 성과도 매우 좋다고 알려져 있다. 이러한 국민연금이 어떤 주식을 얼마나 사는지 참고하고 싶다면 국민연금 기금운용본부 홈페이지(fund.nps.or.kr)를 방문하여 '운용현황 〉 자산군별 현황 〉 해외주식'의 순으로 접속하여 국민연금의 해외주식 포트폴리오를 보면 된다.

2024년 말 기준, 국민연금 해외주식 포트폴리오 Top 10을 보면 앞에서 말한 '매그니피센트 7'에 해당하는 일곱 종목이 모두 들어가 있는 것을 볼 수 있다. 투자의 고수 국민연금도 시가총액이 높은 대형주이면서

▶ **국민연금 해외주식 Top 10 투자 종목**

(단위: 억 원)

종목명	평가액	자산군 내 비중
APPLE INC	206,330	4.91%
NVIDIA CORP	179,476	4.27%
MICROSOFT CORP	165,005	3.93%
AMAZON.COM INC	102,937	2.45%
META PLATFORMS INC CLASS A	76,354	1.82%
INVESCO MSCI USA ETF	61,145	1.46%
ALPHABET INC CL A	58,817	1.40%
ALPHABET INC CL C	54,591	1.30%
BROADCOM INC	53,505	1.27%
TESLA INC	52,499	1.25%

출처: 국민연금 기금운용본부, 2024년 말 기준

성장 잠재력이 높은 기술주 위주의 미국주식으로 포트폴리오를 구성한 것이다. 따라서 내가 가진 투자금을 미국 시가총액 상위 10개 종목과 국민연금의 매수 비중을 참고하여 적절히 분산투자한다면 좋은 시작이 될 것이다.

또 경제뉴스를 꾸준히 보다 보면 시가총액 상위 종목은 아니지만 국민연금이 가끔 신규로 포트폴리오에 편입시킨 종목에 대한 기사를 볼 수 있다. 국민연금 같은 기관투자자는 우리 같은 개인보다 투자 정보에 접근성이 뛰어나고 높은 수준의 리서치 인력을 보유한 덕분에 의외의 종목에서 대박이 나는 경우도 많다.

따라서 뉴스에 나오는 이러한 종목을 소량의 비중으로 나의 포트폴리오에 추가해보는 것도 좋다. 이런 종목에서 '텐배거'Tenbagger(10배 오른 주식)가 나올 수 있으니 말이다. 따라서 주기적으로 '국민연금 미국주식 매수', '국민연금 포트폴리오' 등을 검색해 뉴스 기사들을 찾아보고 투자에 참고할 것을 추천한다.

초보부터 베테랑까지
투자자의 영원한 친구, ETF

세상 모든 일이 그렇듯 장점이 있다면 단점도 존재한다. 개별 종목 투자도 그렇다. 개별 종목은 향후 '텐배거'가 될 가능성도 있지만 반대로 그 종목이 속한 산업의 경기가 나빠지거나 규제 변화 등이 발생하면 리스크에서 자유롭지 못하다. 그래서 예상치 못한 주가 하락을 경험할 가능성도 높다.

그렇다면 이러한 개별 종목이 가진 변동성과 리스크를 피하면서 미국 주식 시장에 투자하는 방법으로는 무엇이 있을까? 바로 미국 지수를 추종하는 ETF를 매수하는 것이다.

자동 분산투자의 정석, ETF

ETF란 'Exchange Traded Fund'의 약자로 상장지수펀드를 뜻한다. 주식시장의 흐름을 그대로 반영하는 펀드로, 거래소에 상장되어 있어 개별 주식과 똑같이 실시간 시장가격으로 거래가 가능하다.

ETF는 한 주를 거래할 수 있는 최소한의 금액만으로 분산투자 효과를 누릴 수 있어 매우 효율적인 투자 수단이다. 또한 기존의 공모 펀드보다 운용보수가 낮고 기존 공모 펀드의 번거로운 환매 과정 없이 매수와 매도가 자유롭다. 공모 펀드의 경우 펀드 매니저가 직접 운용하여 리스크를 높이는 대신 시장 지수보다 높은 수익을 얻는 '액티브형'이 많은 데 비해, ETF는 시장지수를 추종하는 '패시브형'이 주를 이룬다.

그렇다면 미국의 주요 지수로는 어떤 것들이 있을까? 미국에는 3대 주가지수로 다우존스 지수, S&P500, 나스닥 종합지수가 있다. 다우존스 지수(다우존스 산업평균지수)는 미국에서 가장 오래된 주가지수로, 미국을 대표하는 주요 대기업 30곳의 주가를 단순 평균한 지수다. 오랜 전통을 가진 지수이지만, 시가총액에 대한 가중치가 없다 보니 높은 주가를 가진 기업이 지수에 영향을 많이 미치기 때문에 실제 주식시장의 분위기와는 다소 동떨어지는 결과가 나온다는 단점이 있다. 따라서 미국을 대표하는 주가지수로의 영향력은 과거에 비해 많이 줄어든 편이다.

S&P500 지수는 미국을 대표하는 500대 대기업의 주가 성과를 추적하는 지수로, 시가총액 가중 지수다. 애플, 마이크로소프트, 테슬라, 구글

등 미국의 주요 기술 기업과 전통 산업 기업이 골고루 포함되어 있어 실제 주식시장의 흐름을 잘 반영하는 지수로 평가된다.

나스닥 종합지수는 나스닥에 상장된 약 3,300여 개(2024년 기준) 기업들의 시가총액을 모두 합하여 산출한다. 아무래도 나스닥거래소에 IT, 헬스케어, 바이오테크 등 기술 중심 기업들이 주로 상장되어 있다 보니 나스닥 종합지수는 변동성이 매우 크다는 특징을 가진다. 이 나스닥 종합지수와 연관된 주가지수로 '나스닥100'이 있는데 나스닥에 상장된 상위 100개 비금융 대형 기업으로 구성된 주가지수다. 미국주식에 투자하지 않더라도 한 번쯤 들어봤을 유명한 ETF인 'QQQ'가 바로 이 나스닥100 지수를 추종하여 운용된다.

주요 지수추종 ETF의 종류

그렇다면 이러한 미국의 주요 주가지수를 추종하는 ETF에는 어떤 것들이 있을까?

미국주식에 관심을 갖기 시작했다면, SPY나 QQQ는 한 번쯤 들어본 일이 있을 것이다. SPY는 미 금융지주 회사 스테이트스트리트 State Street 에서 운용하는 S&P500 지수를 추종하는 주요 ETF 중 하나로, 1993년 1월 미국 최초의 ETF로 등장하여 미국 주식시장의 역사를 보여주는 대표적인 ETF다. 전 세계에서 운용 규모가 가장 크고 가장 많이 거래되는

▶ **미국 시장에 상장된 주요 지수추종 ETF**

주요 주가지수	티커(종목별 고유 약어)
다우존스	DIA
S&P500	SPY, VOO, IVV
나스닥100	QQQ

ETF로 유명하다. S&P500 지수를 추종하는 또 다른 ETF로는 VOO Vanguard S&P 500 ETF(자산운용사: 뱅가드그룹 Vanguard Group)와 IVV iShares Core S&P 500 ETF(자산운용사: 블랙록 BlackRock)가 있는데, 후발주자로서 운용수수료가 SPY보다 낮아 장기투자에 유리하다는 장점이 있다.

QQQ는 인베스코 Invesco에서 운용하는 나스닥100 지수를 추종하는 ETF로, 나스닥100 지수를 추종하는 ETF 중 가장 큰 운용 규모를 자랑한다. 기술주 위주의 나스닥100 지수를 추종하기에 SPY보다는 변동성이 더 높은 편이나 앞으로 AI, 양자컴퓨터 등 성장 잠재력이 큰 기술주들의 주가 상승 가능성을 감안하면 투자 포트폴리오에 꼭 넣어야 할 ETF라 할 수 있다.

다음에 나오는 그래프는 SPY와 QQQ의 상장 이후의 주가 추이다. SPY는 1993년 상장, QQQ는 1999년 상장되어 두 ETF 모두 9.11테러, 닷컴 버블과 2008년 금융위기를 겪고도 장기 우상향하는 모습을 보였다.

▶ **SPY 상장 이후 주가 추이**

출처: 인베스팅닷컴, 2024.12.23 기준

▶ **QQQ 상장 이후 주가 추이**

출처: 인베스팅닷컴, 2024.12.23 기준

미국 지수추종 ETF에 투자할 때의 장점은 두 그래프를 보면 한눈에 알 수 있다. 미국시장 자체에 투자하는 ETF를 매수한 후 기다리는 '거치식 투자'를 했든지, 아니면 월급의 일정 비율만큼 꾸준히 ETF를 사서 모으는 '적립식 투자'를 했든지 모두 실패할 수 없는 선택이다. 잠시 하락해도 곧 다시 상승하는 전형적인 장기 우상향의 모습을 보여주고 있기 때문이다.

여기서 S&P500을 추종하는 ETF를 매수하는 것이 좋을지, 아니면 나스닥100을 추종하는 ETF를 매수하는 것이 좋을지 고민될 수도 있겠다. 사실 나스닥100에 포함된 많은 기업들이 S&P500에도 중복으로 포함된다. 우리가 알고 있는 애플, 마이크로소프트, 구글, 테슬라, 엔비디아, 아마존 등 대부분의 기술 기업이 나스닥100뿐만 아니라 S&P500에도 포함되어 있다. 단지 S&P500은 지수를 구성하는 종목의 개수가 나스닥100보다 훨씬 많고 코카콜라나 월마트 같은 전통 기업까지 총망라하여 섹터의 구분이 없는 반면, 나스닥100은 구성 종목이 모두 기술 관련주라서 S&P500보다 기대 수익률은 높지만 변동성이 그만큼 크다는 특징을 갖는다. 내가 만약 장기투자를 목표로 변동성은 높지만 더 높은 기대 수익률을 추구한다면 나스닥100을 추종하는 ETF를 매수하면 되고, 기대 수익률은 조금 낮더라도 변동성이 낮아 안정감을 추구하는 투자를 하고 싶다면 S&P500을 추종하는 ETF를 매수하면 된다.

이렇게 SPY나 QQQ를 직접 매수하는 방법 외에도 S&P500과 나스닥100을 추종하는 ETF를 살 수 있는 또 다른 방법이 있다. 바로 국내증시에 상장된 미국 지수 ETF를 이용하는 것이다. 국내 상장 미국 지수 ETF의 경우 'TIGER 미국나스닥100'을 제외하고 모두 현재 주가가 2만 원대로 적립식 투자를 하는 데 전혀 부담이 없는 수준이다. 또한 원화로 거래가 되지만 대부분의 상품이 환 노출형이 많아 달러/원 환율 변동이 그대로 ETF 주가에 반영된다. 다시 말해 SPY나 QQQ를 직접 매수한 것처럼 달러 자산을 보유한 효과를 얻을 수 있다.

미국 지수추종 국내 상장 ETF의 종류

그렇다면 미국 지수를 추종하는 국내 상장 ETF로는 어떠한 것들이 있을까? 네이버페이 증권에 접속하여 '국내증시 〉 ETF 〉 해외주식 〉 시가총액' 순으로 클릭하면 국내증시에 상장된 미국 지수 ETF들에 대한 정보를 다음과 같이 손쉽게 확인할 수 있다.

도표에 제시된 상품들은 모두 S&P500과 나스닥100을 추종하도록 설계되어 있어 운용 원리는 같으나 상품별로 자산운용사가 다르고 그에 따라 시가총액, 거래량, 수수료 등에서 차이가 있다. 여러 항목들을 비교해보고 마음에 드는 ETF를 골라 매수, 매도하면 된다. ETF를 선택할 때에는 수수료가 저렴하고 거래량이 많은 것이 좋다. 그래야 거래가 활발히 이루어져 원하는 가격에 매수, 매도될 가능성이 크기 때문이다.

이러한 미국 주요 주가지수 ETF는 미국 상장 ETF인지 국내 상장 ETF인지에 따라 내야 하는 세금에 차이가 나므로 투자 전 반드시 체크할 필요가 있다. QQQ, SPY와 같은 미국 상장 지수추종 ETF와 미국의 개별 주

▶ 국내 상장 나스닥100 지수추종 ETF 종류

항목/종목명	TIGER 미국나스닥100 (133690)	KODEX 미국나스닥100 (379810)	ACE 미국나스닥100 (367380)	RISE 미국나스닥100 (368590)
시가총액	6조 2,397억 원	3조 5,618억 원	2조 830억 원	1조 2,351억 원
상장일	2010년 10월 18일	2021년 4월 9일	2020년 10월 29일	2020년 11월 6일
자산운용사	미래에셋 자산운용	삼성자산운용	한국투자 신탁운용	KB 자산운용
주가	158,610원	23,825원	27,265원	26,390원
펀드보수 [운용, 사무관리]	0.0068%	0.0062%	0.0062%	0.0062%
1년 수익률	31.08%	31.23%	31.10%	31.15%
거래 대금	807억 2,600만 원	558억 3,000만 원	163억 4,900만 원	74억 4,100만 원

출처: 네이버페이 증권, 2025.10.10 기준, 괄호 안 숫자는 종목코드

식은 해외주식 양도소득세 세율에 따라 매년 1월 1일~12월 31일까지 1년 동안의 주식 매매 과정에서 발생한 수익과 손실을 통산한 양도소득 금액에서 연 250만 원의 기본공제를 제외하고 과세표준의 22%를 양도소득세로 내야 한다. 반면 국내 상장 미국 지수추종 ETF는 매매차익의

▶ 국내 상장 S&P500 지수추종 ETF 종류

항목/종목명	TIGER 미국S&P500 (360750)	KODEX 미국S&P500 (379800)	ACE 미국S&P500 (360200)	RISE 미국S&P500 (379780)
시가총액	10조 1,099억 원	5조 7,450억 원	2조 5,530억 원	1조 1,426억 원
상장일	2020년 8월 7일	2021년 4월 9일	2020년 8월 7일	2021년 4월 9일
자산운용사	미래에셋 자산운용	삼성자산운용	한국투자 신탁운용	KB 자산운용
주가	23,830원	21,890원	24,085원	20,775원
펀드보수 [운용, 사무관리]	0.0068%	0.0062%	0.0047%	0.0047%
1년 수익률	23.72%	23.89%	23.60%	23.63%
거래 대금	1,664억 3,100만 원	785억 7,600만 원	224억 5,400만 원	80억 9,800만 원

출처: 네이버페이 증권, 2025.10.10. 기준, 괄호 안 숫자는 종목코드

15.4%가 배당소득세로 부과된다. 이는 해외주식 양도소득세 22%보다는 다소 낮지만 손익통산이 불가하고 이자, 배당소득과 같은 금융소득이 연 2,000만 원 이상일 경우, 금융소득 종합과세 대상에도 포함된다는 점을 유의할 필요가 있다.

▶ 미국 상장 지수 ETF와 국내 상장 미국 지수 ETF 간 세금 비교

구분	미국 상장 지수 ETF	국내 상장 미국 지수 ETF
매매손익	양도소득세(신고 납부, 22%) 손익통산 가능	배당소득세(원천징수, 15.4%)** 손익통산 불가
배당금	배당소득세(원천징수, 15%)*	배당소득세(원천징수, 15.4%)***
비고	매매차익 250만 원까지 비과세	금융소득 2,000만 원 이상 종합과세 대상

* 우리나라 14%보다 높아서 미국에서 원천징수 후 국내 추가 과세 없음.
** 매매차익과 과세표준기준가격(과표기준가) 증가분 중 적은 금액에 15.4%의 세율 적용
*** 소득세 14%+지방소득세 1.4%

잃지 않는 투자의 핵심은 '비중'에 있다

지금까지 '무엇(어떤 종목)을 살 것인가'에 대해 알아보았다면 이제 이보다 더 중요하게 고민해야 할 것이 남아 있다. 바로 '얼마나 살 것인가'다.

우리는 무엇을 살지에 대부분의 시간을 할애하지만, 정작 '투자 비중'에 대해서는 큰 고민을 하지 않은 채 투자를 시작한다. 그러나 좋은 종목을 열심히 공부하여 야심 차게 발굴했다고 해도, '얼마를 투자할지'를 잘못 결정하면 그 투자는 성공하기 어렵다. 아무리 좋은 종목이라도 내가 가진 자산에 비해 너무 많은 돈을 투자해버리면 매일, 매시간 주가창을 들여다보느라 일상생활에 지장을 받거나, 단기 변동성을 이기지 못하고 단기 저점에서 손절할 가능성이 높다. 반대로 너무 적은 돈을 투자하면

▶ 미국주식 잔고 현황(2025.10.09 종가 기준)

더 높은 수익을 얻을 기회를 놓치게 된다.

위 계좌는 몇 년 전, 내가 가벼운 교통사고를 당하고 받은 합의금 1,500만 원을 별도로 투자한 결과다. 만약 1,500만 원이 아니라 150만 원을 투자했다면 현재 1,200만 원이 되었을 것이다. 1,200만 원이 결코 적은 돈은 아니지만, 인생에서 크게 인상적인 금액은 아니다. 반대로 내가 만약 1,500만 원이 아니라 1억 5,000만 원을 투자했다면 지금의 수익률이 될 때까지 기다리지 못하고 20~30% 수익을 봤을 때 매도했을 가능성이 높다.

이처럼 사람마다 가진 자산의 크기가 다르고 투자 경험이 다르기에

'얼마나' 살 것인가에 대한 정답은 없다. 투자 경험이 적거나 가진 자산이 많지 않을수록 적은 금액을 투자했어도 시세에 연연하게 된다. 그러므로 투자를 이제 막 시작하는 초보자라면, 내가 투자해놓고 편안한 금액대가 어느 정도인지를 경험해본 다음 점차 비중을 늘려나가기를 추천한다. 너무 소액이면 투자나 종목에 대한 관심이 유지되지 않을 가능성이 크고, 반대로 투자금이 너무 과하면 오래 보유하기 어려워 큰 수익을 내기 어려울 수 있다. 또 나의 소득 대비 적당한 월, 연 투자 금액 비율을 잘 찾아가는 것도 중요하다. 일상을 잘 보내면서도 나에게 유의미한 투자 비중을 찾는 것, 그것이 바로 잃지 않는 투자의 핵심이다.

분할매수로 리스크를 줄이는 거치식 투자

거치식 투자는 A라는 주식 100만 원어치를 한꺼번에 매수하는 것, 즉 예금의 개념으로 생각하면 된다. 그리고 적립식 투자는 A라는 주식 10만 원어치를 10번에 걸쳐 매수하는 것, 즉 적금의 개념으로 생각하면 쉽다. 장기투자에 있어서 만약 미국주식과 같이 우상향하는 시장이라면 거치식 투자가 적립식 투자보다 수익률은 높다. 우상향한다고 가정하면 적립식 투자의 경우 매수 때마다 주가가 올라서 나의 평균 매수단가도 올라가기 때문이다.

그러나 사실상 투자 방식은 투자금을 얼마나 확보할 수 있느냐에 따라 결정되는 면이 크다. 보통의 개인 투자자들은 거치식 투자를 할 만한 목돈을 별도로 갖고 있지 않기 때문에 대부분의 근로소득자는 월급여에서, 사업자라면 사업소득에서 일정 부분을 떼 적립식 투자를 할 수밖에 없다.

만약 장기로 투자할 수 있는 투자금이 이미 확보되었다면 거치식 투자를 하면 된다. 하지만 여기서 초보 투자자들이 가장 많이 하는 실수가 있다. 바로 투자하기로 마음먹자마자 지금 가장 '핫한 주식'에 내가 가진 투자금 100%를 한 번에 다 투입하는 것이다.

대부분의 개인 투자자는 주가가 과열될 때 시장에 신규로 진입하게 되고, 이미 급등한 주식을 일괄매수하면서 투자를 시작하는 경우가 많다. 그렇게 한 번에 투자금 100%를 다 소진해버리면 소위 '물리면서' 시작할 가능성이 크다. 그러므로 목돈을 가지고 거치식 투자를 하기로 마음먹었다면 큰돈을 한 번에 투자하는 것인 만큼 '분할매수'로 리스크를 최대한 줄이기 위해 노력해야 한다.

예를 들어 내가 5,000만 원을 거치식으로 투자할 생각이라고 해보자. 이 투자금을 오늘 전부 한 번에 매수하는 데 쓰지 않고 1,000만 원씩 다섯 번에 나누어 매수하거나(고정 금액 매수), 오늘 일부 매수한 후 내가 매수한 주가에서 10% 하락 시, 15% 하락 시, 20% 하락 시 추가 매수를 하거나(특정 가격대 매수), 그게 아니면 투자금을 최대한 잘게 쪼개 매일 또는 정해진 요일에 매수(기간 분산 매수)하는 것이 바로 분할매수다.

분할매수는 위에서 설명한 방법 외에도 다양한 방법으로 응용할 수 있다. 방법이 어떻든 분할매수의 핵심은 절대로 한 번에 투자금 전부를 투입하지 않고 포트폴리오가 완성될 때까지 일정 비중의 현금을 남겨둬 평균 매수단가를 낮추려는 노력을 계속해야 한다는 것이다.

정액매수로 꾸준히 하는 적립식 투자

만약 목돈의 투자금이 마련되지 않은 상황이라면, 소득 중 일부를 떼어 주식을 꾸준히 적립식으로 매수하면 된다. 적립식 투자 방법 중 가장 유명한 것이 '정액매수 적립식 투자법'Dollar-Cost Averaging, DCA이다. 주가의 등락이나 시장 상황을 고려하지 않고 일정액을 정기적으로 투자하는 방법인데, 마치 직장인들이 월급날마다 적금을 넣듯 정해진 날에 일정 금액으로 주식을 계속하는 매수하는 방식이다.

워런 버핏의 스승으로 유명한 가치투자자 벤저민 그레이엄Benjamin Graham은 저서 《현명한 투자자》에서 이 정액매수 적립식 투자법을 비중 있게 다루며 주가에 상관없이 성공을 강하게 확신할 수 있는 투자 방법이라고 소개했다. 이 투자법을 활용하면 주가가 낮을 때는 매수 수량이 증가하고 주가가 높을 때에는 매수 수량이 감소하므로, 장기 보유 시 주식의 매수단가가 낮아진다. 이 투자법은 미국 주식시장처럼 우상향하는 시장에서 주가가 높을 때 집중 투자를 하지 않도록(소위 '몰빵'을 하지 않도록) 막아주는 효과가 있어 방어적 투자를 가능하게 한다.

물론 계산상으로는 주가가 폭락하는 시기에 맞춰 매수하는 방식이 더 효과적일 것이다. 그러나 현실적으로 아무리 뛰어난 트레이더라 해도 최저가에만 주식을 매수할 수는 없으며, 유명한 애널리스트들의 시장 전망도 뒤에서 이야기할 사례처럼 빗나가는 경우가 많다.

이러한 적립식 투자에서 가장 중요한 것은 '일희일비하지 않고 장기적으로 꾸준히 실행하는 것'이다. 보통의 평범한 사람들은 주가가 내릴 때 손실의 공포에 사로잡혀 주식 매수를 망설이기 마련이다. 그래서 시작할 때 장기투자를 목표로 했어도 하락장을 한 번 맞으면 중간에 포기하는 경우가 꽤 많다. 따라서 최대한 감정을 빼고 기계적으로 내가 정한 주기에 일정한 금액으로 매수하는 것, 특히 하락장에도 절대 포기하지 않고 장기적으로 매수를 이어가는 것이 이 적립식 투자법의 핵심이다.

타이밍을 맞추려 하지 말고, 시장에 오래 머물러라

오래된 투자 격언 중에 "시장의 타이밍을 맞추려 하지 말고, 그냥 시장에 오래 머물러라."Time in the market beats timing the market라는 말이 있다. 보통 미국 주식 투자를 시작하면 언론을 통해 나오는 월가의 유명한 애널리스트나 펀드 매니저의 시장 전망에 저절로 귀를 기울이게 된다. 내가 주식시장의 상승과 하락을 예측할 능력은 없으니 전문가들의 시장 전망에 기대는 것이다. 그들이 시장이 상승할 거라 예상하면 주식을 사고, 하락할 거라 예상하면 주식을 팔려고 한다. 소위 '마켓 타이밍'을 시도하며 더 높은 수익률을 내기 위해 나름 최선의 노력을 하는 것이다.

그렇다면 '전문가'라는 타이틀을 단 월가 유명 투자은행들의 시장 전

▶ 월가 투자은행 2022년 주식 전망 설문조사표

투자은행사	전략가	S&P500 전망치
BofA	사비타 서브라마니안	4,600
바클레이스	마네시 데스판드	4,800
BMO	브라이언 벨스키	5,300
CFRA	샘 스토벌	5,024
씨티	스콧 크로너트	4,900
크레디트스위스	조너선 골럽	5,200
골드만삭스	데이비드 코스틴	5,100
JP모건	두브라브코 라코스부하스	5,050
모건스탠리	마이크 윌슨	4,400
오펜하이머	존 스톨츠퍼스	5,330
RBC	로리 칼바시나	5,050
UBS	키스 파커	4,850
웰스파고	대럴 크롱크	5,200

출처: 〈뉴스핌〉, "내년 S&P500 상승률 6%…하반기 신흥국 빛난다", 2022.01.03.

망 적중률은 과연 얼마나 될까? 앞의 표는 미국의 CNBC 뉴스가 투자은행 13곳을 대상으로 2022년 말 S&P500 주가지수 전망치를 설문 조사한 결과다. 투자 전문가들의 전망과는 무척 다르게 2022년 S&P500 지수는 연초 대비 약 20% 하락하여 마지막 거래일 종가 3,839.50으로 마감했다. 내로라하는 투자은행 13곳 중 단 한 곳도 이를 맞추기는커녕 근처에도 가지 못했다.

이렇게 적중할 확률이 낮은 갖가지 전망 기사에 반응하여 일일이 대응하려고 하면 초보자는 우왕좌왕할 수밖에 없고 결국 매수, 매도를 반복하며 손실을 입는다. 그러면 손해를 입은 투자금을 한 방에 복구하고 싶은 마음에 리스크가 큰 급등주, 테마주에 손을 대기 시작하는 것이 잘못된 투자의 흔한 수순이다. 이렇게 되면 필연적으로 탐욕과 공포에 휘둘리다가 처음 투자를 시작할 때 스스로 세운 원칙을 지키지 못하고 만다. 투자의 대가 피터 린치조차 마켓 타이밍을 잡는다는 건 매우 어려운 일이라고 했다. 그런데 평범한 우리가 어쩌다 한두 번은 운이 따른다 해도 앞으로 30년 넘는 투자 기간 동안 매번 타이밍을 맞출 수 있을까?

따라서 애초에 저점에 사고 고점에 파는 마켓 타이밍은 거의 불가능하다는 것을 인정하고 시작하는 것이 중요하다. 시장을 떠나지 않고 나에게 알맞은 비중으로 꾸준히 투자하면서 오랫동안 시장에 머무르며 일상을 살다 보면 늘 수익을 주는 것 또한 시장임을 기억하자. 중요한 것은 'Timing the market'(시장에서의 타이밍)이 아닌 'Time in the market'(시장에서 보내는 시간)이다.

지금이라도 미국주식에 뛰어들고 싶지만, 사상 최고치를 돌파하는 주가에 환율까지 높아 망설이는 사람이 있을 것이다. 이럴 때일수록 정공법을 택해야 한다. 욕심을 부리며 한꺼번에 큰 금액을 투자하려고 하지 말고, 원래 목표한 투자금에서 반드시 현금을 20~30% 남겨놓고, 나머지 투자금을 최대한 잘게 쪼개서 내 성향에 맞는 방법으로 분할매수하는 것. 이 단순한 원칙 세 가지만 기억하면 된다.

내가 가장 추천하는 방법은 동일 금액(투자금의 10%씩)을 정해진 요일에 매수하는 것이다. 이럴 경우 주가가 오르면 평가수익이 올라가니 좋고, 주가가 내리면 그다음 주에 동일한 투자금으로 더 많은 수량을 살 수 있으니 좋다. 시작할 때 남겨놓았던 현금은 내가 매수한 단가 이하로 주가가 내려갈 때 추가 매수할 수 있는 미중물로 쓰도록 해놓으면 심리적으로 안정된 투자를 할 수 있다. 만약 보유한 현금을 다 소진했는데도 주가가 내려간다면? 그땐 그냥 주식창을 닫고 내 할 일 하고 운동하며 일상을 살면 된다. 우리는 일희일비하지 않고 마음 편하게 기다리면 되는 투자를 하기 위해서 미국의 우량주와 지수추종 ETF를 산 것이니 말이다.

양도소득세 줄이는
미국주식 실전 투자꿀팁

앞서 살펴보았듯이, 미국주식은 국내주식과는 다르게 주식 매도 후 실현손익에 대해 양도소득세가 발생하기 때문에 세후 수익률을 높이기 위해서는 양도소득세를 줄이기 위한 노력을 기울여야 한다. 처음 투자를 시작해 금액이 적을 때는 주식을 매수하고 보유 전략을 짜는 데에만 정신이 팔려 양도소득세에 별다른 신경을 쓰지 못하곤 한다. 하지만 장기투자라는 우리의 목표를 생각해봤을 때 이는 절대 무시할 수 없는 금액이다. 따라서 미국주식을 매수한 후 장기로 보유하려는 목표를 세웠다면 나중에 세금 폭탄을 맞지 않기 위해서라도 다음과 같은 절세 전략을 함께 알아둘 필요가 있다.

1. 250만 원 내로 매도 후 재매수하기

첫 번째로 챙겨야 할 것은 연간 250만 원의 양도소득 기본공제로 받을 수 있는 비과세 혜택이다. 즉 양도소득 250만 원 안에서 주식을 매도한 후 다시 동일 종목을 동일 수량으로 재매수하는 것이다. 양도소득세 계산은 1월 1일부터 12월 31일까지이므로 보통 연말에 이런 매도 후 재매수를 하는 경우가 많다. 매우 귀찮지만 연 250만 원씩 10년이면 2,500만 원의 양도소득에 대해서 세금을 내지 않을 수 있는 것이므로 반드시 1년 중에 한 번은 실행해줘야 한다.

만약 미국주식을 매수하여 10년 동안 매년 양도소득 기본공제 250만 원씩의 비과세 혜택을 챙겼다면 비록 평균 매수단가는 상승했을지 몰라도 실제 양도소득 2,500만 원에 해당하는 양도소득세는 0원이 된다. 반면 10년간 단순 보유 후 10년 뒤 한꺼번에 매도하여 수익실현을 하게 되면 양도소득세로 '(2,500만 원-양도소득 기본공제 250만 원)×22%=약 495만 원'이 발생하게 된다.

한편 전업주부의 경우는 양도소득 금액이 100만 원 넘게 발생하면 연말정산에서 부양가족 인적공제 대상에서 제외되어 150만 원의 기본공제를 받을 수 없게 되니 이 점을 유의할 필요가 있다.

2. 평가손실 종목 매도하기

양도소득세를 줄이기 위한 두 번째 팁은 실현수익이 양도소득 기본공제 금액 250만 원을 초과하여 양도소득세가 발생하게 됐을 때, 보유 종목 중 평가손실 종목을 매도함으로써 손실을 확정시켜 양도소득세를 줄이는 방법이다. 해외주식의 양도소득은 국내주식과 달리 이익과 손해를 모두 고려해서 산출하는 손익통산 방식이 적용되기 때문이다. 이때 손실을 확정한 동일 종목을 동일 수량으로 재매수할 수도 있고, 다른 유망 종목으로 갈아타는 것을 고려할 수도 있다.

3. 연금저축펀드, IRP, ISA 활용하기

세 번째 팁은 세금우대 계좌인 연금저축펀드, 개인형퇴직연금Individual Reti-rement Pension(이하 IRP), 개인종합자산관리계좌Individual Savings Account(이하 ISA)를 적절하게 활용하는 것이다. 국내 상장 미국 지수 ETF를 IRP 또는 연금저축펀드에서 매수하면 세액공제 혜택을, ISA에서 매수 후 매도하면 200만 원(서민형 400만 원)까지 비과세 혜택을 받을 수 있다. 또 세 계좌에서 발생하는 수익에 대해 매년 세금을 떼지 않고 추후 수익을 계좌에서 인출할 때 떼기 때문에 세금이 뒤로 미뤄지는 '과세이연' 효과가 있다. 나아가 이에 따른 복리 효과도 극대화시킬 수 있다. 또 계좌 내에서 수익과 손실이 모두 통산되어 과세 대상 금액이 줄어드는 것도 유리한 점이다. 자세한 내용은 제4장 연금 부분에서 한 번 더 설명하도록 하겠다.

4. 외화 RP 상품 투자로 달러 이자 받기

마지막으로 분할매수를 위해 일정 비중으로 달러 현금을 보유한 상황이라면 이 달러 예수금을 외화 RP_{Foreign Currency Repurchase Agreement}(외화 환매조건부채권) 상품에 투자하여 약정된 이자를 받아 추가적인 달러 수익을 얻을 수도 있다. RP는 증권회사가 보유하고 있는 상품 채권 등을 고객에게 일정 기간 후 다시 매수하는 것을 조건으로 판매하는 단기투자상품이다. 예금자보호법에 따라 보호되지는 않지만 대형 증권사의 신용에 기반한 안정성 높은 상품이다. 가입 시에 만기를 정하는 '약정형 RP', 수시 입출이 가능한 '자유 약정형 RP'가 있으며 보통 약정형 RP의 이율이 자유 약정형 RP의 이율보다 더 높은 편이다. 시장 상황에 따라 둘 중 하나를 선택하여 가입하면 된다.

본업이 있고, 퇴근 후 자기계발과 운동을 하고, 주말에 돈을 아끼려 집밥을 해 먹고, 월마다 가계부를 쓰는 평범한 우리는 매일 주가창을 들여다볼 여력이 부족하다. 더 많은 노력을 들여 더 많은 수익을 얻는 방법은 많겠지만 일상과 밸런스를 유지하며 오랫동안 투자하려면 다음 한 문장만 기억하면 된다.

▶ 달러 RP상품 예시(미래에셋증권)

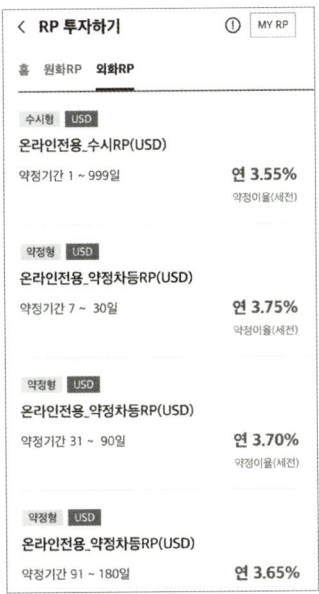

"미국 지수 ETF를 매달 일정한 금액으로 매수하고, 시간의 복리 효과를 누리기 위해 하루라도 빨리 시작하며, 가능한 오래 불입한다."

지금까지의 내용들을 잘 이해하고 따라왔다면 전혀 어렵지 않을 것이다. 결심이 섰다면 지금 바로 장기투자를 향한 첫걸음을 시작하자.

제3장

[부동산 투자]
사는 집을
돈 버는 집으로
만들기

부동산은 단순한 자산이 아니라,
나와 가족이 사는 공간이자 미래를 준비하는 중요한 재테크 수단이다.
누구나 살면서 한 번은 부동산 거래를 경험하지만
여전히 많은 사람이 '투자'와 '투기'를 혼동하며
불안한 결정을 내리곤 한다.
부동산은 자산 규모가 크고 위험성도 높은 투자처다.
하지만 몇 가지 확실한 원칙만 잘 지킨다면,
안정적으로 수익을 낼 수 있는 투자이기도 하다.
안전하게 계약하는 법부터 똑똑하게 상급지로 갈아타는 노하우까지,
꼭 필요한 지식만 익혀 자산 증식의 든든한 반석을 쌓아보자.
단기 수익에 목매지 않고 멀리 바라보며 때를 기다릴 때
상승장의 기회는 찾아올 것이다.

전·월세는 '남의 집'이 아닌 '내 집'의 빌드업이다

부모님과 살던 집을 떠나 회사 혹은 학교를 다니기 위해 처음 가는 지역의 월세방을 알아본 경험이 있는가? 결혼을 앞두고 두 사람만의 보금자리를 마련하기 위해 주어진 예산 안에서 전세를 구하러 돌아다녔던 적은? 대학생활이나 사회생활을 시작하는 20대부터 막 결혼해 신혼을 즐기는 30대 중반까지 우리는 보통 전세나 월세로 거주하며 내 집 마련을 목표로 열심히 돈을 모은다.

몇 년 전까지만 해도 젊을 때 일단 '영끌'(영혼까지 끌어모아 대출받기)을 해서 무조건 빨리 집을 사야 이익이라는 의식이 팽배했었다. 그러나 지금은 상황이 조금 달라졌다. 종잣돈이 부족한 사회 초년생 시기에는

'영끌'을 하고 싶어도 현실적으로 쉽지 않다. 이제는 무리하게 대출을 받아 내 집 마련을 하기보다 일단 전·월세에서 살며 다음 스텝을 준비하는 것이 더 현명한 접근 방법이다. 다시 말해 전·월세 시기를 단순히 '임시 거주'가 아닌 자산 형성의 기초를 다지는 시간으로 봐야 한다는 얘기다. 20~30대에 열심히 모으고 지켜낸 전·월세 보증금은 단순한 거주비를 넘어 30대 중반 이후의 내 집 마련, 나아가 40대 시기 집 확장 및 정착에 중요한 밑거름이 된다는 사실을 기억해야 한다.

전·월세도 제대로 시작해야 자가 보유로 가는 시간이 짧아진다. 체계적으로 미래를 준비하기 위한 부동산 투자의 첫걸음으로 전·월세 잘 구하는 법부터 먼저 알아봐야 하는 이유가 바로 여기에 있다.

똑똑하게 전·월세 구하는 세 가지 팁

그렇다면 먼저 전·월세를 잘 구하기 위해 우선적으로 고려해야 할 항목으로는 무엇이 있을까? 크게는 '살 곳을 정하는 것'과 대출을 포함한 '예산 설정하기'다. 아래에서 좀 더 자세히 설명해보겠다.

1. '무조건 아파트' 말고 내가 살고 싶은 동네로 눈을 넓히자

'살기 좋다'의 기준은 과연 무엇일까? 사람마다 그 답은 다르겠지만 이 시기에 최우선으로 고려해야 하는 사안은 매일 출퇴근하는 곳과의 거리 그리고 교통의 편리함이다. 업무지의 지하철이나 버스 노선을 따라서 예산에 맞는 곳이 나올 때까지 조금씩 거리를 확대해나가다 보면 지역을 고르기가 쉽다. 전·월세를 구할 때 흔히 '비싼 동네'라는 인식이 있는 곳은 아예 쳐다도 보지 않는 사람이 많은데 이 또한 오해에서 비롯된 일이다. '대장 아파트'라고 불리는 몇몇 아파트만 비쌀 뿐 인근의 나홀로 아파트 또는 아파트 사이에 있는 다세대 주택은 저렴한 경우가 많으니 편견을 버리고 범위를 넓혀 알아보는 게 좋다.

무엇보다 추천하는 방식은 나중에 내 집 마련을 하고 싶은 지역에 미리 전·월세로 살아보는 것이다. 살지 않으면 모르는 장단점들을 알게 될 수 있고 그 지역에 수시로 부동산에 드나들다 보면 급매를 잡을 기회도 더 늘어난다. 실제로 나와 상담을 했던 몇몇 사람들이 그렇게 급매를 통해 예전이라면 엄두도 내지 못했을 지역에 내 집 마련을 하기도 했다. 내가 꿈만 꾸지 말고 전세로 일단 살아보라고 강력히 추천하지 않았다면 불가능했을 일이다.

2. 전세자금대출은 다양한 지원 정책을 적극 활용하자

두 번째로 고려해야 하는 항목은 '예산'이다. 예산을 정할 때 대출을 고려하면 선택의 폭이 넓어진다. 예를 들어 내게 2,000만 원이 있다면 보증금 2,000만 원에 월세 40만 원짜리 집에 들어가 살 수도 있고 대출을 8,000만 원 받아 전세 1억 원의 집에서 대출이자를 내며 살 수도 있다. 어느 쪽이든 내 성향과 상황에 맞는 선택을 하면 된다.

집을 매매할 때 받는 주택담보대출은 대체로 원금과 이자를 같이 갚는 반면, 전세자금대출은 이자만 납부하는 상품이 대부분이라 상대적으로 부담이 덜하다. 무주택 세대주에 수도권 소재 전용면적 85제곱미터(수도권 외 지역은 100제곱미터) 이하 규모라면 납입금액의 40% 한도, 연간 최대 400만 원까지 연말정산 시 소득공제도 받을 수 있다[총급여액 7,000만 원 이하(종합소득금액 6,000만 원 이하)인 근로자].

이 외에도 청년이나 신혼부부, 혹은 소득 여건에 따라 전세자금대출과 관련한 여러 지원 정책이 있으니 자신의 상황과 조건에 최대한 유리한 조건을 잘 따져보면 대출이자를 약간이라도 줄일 수 있다.

- HUG 안심 전세대출: 만 34세 이하 청년이면서 소득 5,000만 원 이하거나 결혼 7년 이내에 부부 합산 소득 6,000만 원 이하 신혼부부라면 주택도시보증공사의 'HUG 안심 전세대출'을 활용해보자. 전세대출을 보증금의 최대 90%까지 받아 살 곳을 알아볼 수 있다. 홈페이지(khug.or.kr)에서 자세한 상담을 받아보길 추천한다.
- 지역별 청년 및 신혼부부 지원 정책: 서울시의 경우 전세대출금에 대하여 청년과 신혼부부에게 이자를 일부 지원한다. 만 19~39세, 연소득 4,000만 원 이하의 무주택 세대주인 청년이 보증금 3억 이하, 월세 70만 원 이하 주택에 거주할 경우 최대 2억 원의 전세대출금에 대해 2% 상당의 이자를 지원하며, 임대차 계약 기간에 따라 최장 8년까지 연장이 가능하다. 또한 혼인신고일 기준 7년 이내의

무주택 신혼부부 또는 예비부부(부부 합산 연소득 1억 3,000만 원 이하)는 보증금 7억 원 이하 주택에 대해 최대 3억 원(임차보증금의 90% 이내) 한도로 소득 수준에 따라 차등된 금리 혜택을 받을 수 있고, 이자 지원 기간은 최장 10년이다. 기타 추가 지원 항목도 있으니 하나은행, 신한은행, 국민은행에서 서울시 임차보증금 이자 지원 사업(서울주거포털: housing.seoul.go.kr)의 대출 가능 여부와 한도를 알아보고 예산 수립에 반영해보면 좋을 것이다.

- 바우처 제도: 그 외 중위소득 60% 이하 월세 주택 및 고시원 거주 가구를 위한 '서울형 주택바우처'(서울주거포털: housing.seoul.go.kr), 서울 동작구와 전라남도 등에서 청년과 신혼부부를 대상으로 진행하는 '만원주택'(월세 1만 원) 임대 주택 지원 사업, 인천시의 '천원주택'(하루 임대료 1,000원, incheon.go.kr/housing) 사업 등 다양한 지원 제도가 있으니 적극적으로 찾아보고 활용하면 거주비를 아낄 수 있다.

3. 후보지는 세 곳, 매물은 각 다섯 곳을 살펴보자

지역과 예산, 두 항목이 겹치는 지역을 찾아봤다면 지역 후보를 세 곳 정도로 추린다. 그다음 네이버 부동산에서 매물을 찾아본 후 매물을 올려놓은 중개소에 전화해 방문 예약을 잡는다. 방문 예약을 하지 않고 바로 찾아간다면 집주인과 시간이 맞지 않아 허탕을 치는 경우도 종종 있으니 주의하자. 매매는 대체로 3개월 뒤, 전·월세는 2개월 뒤 즈음에 입주하는 매물이 나와 있다.

후보지 세 곳에서 각각 최소 다섯 채의 매물은 봐야 한다. 집을 자주 볼 기회가 없는 일반인들은 처음 간 부동산에서 두세 채의 집을 보고 왠지 이걸 놓치면 안 될 것 같다며 조급해하는 경우가 상당히 많다. 그렇게 되면 계약 조건이나 수리 등의 협상에서 끌려다니기 십상이다. 지역 후보를 세 곳으로 정하고 한 곳마다 최소 다섯 개의 매물을 보는 이유는 우리에게 다른 대안이 있다는 것을 확인하고 조급함을 없애기 위해서다.

이 밖에도 전·월세집을 보러 다닐 때 놓치기 쉬운 소소한 체크 포인트 세 가지가 있다. 첫 번째는 '관리비'다. 월세가 조금 더 저렴한 집이더라도 관리비가 또 하나의 월세처럼 큰 금액으로 지출되는 경우가 있으니 반드시 사전에 체크해야 한다. 두 번째는 '보일러'다. 설치한 지 10년이 넘은 보일러는 연비가 떨어져 난방비가 과다하게 나올 수 있으니 집을 보러 갔을 때 보일러를 먼저 체크하고 노후화되었다면 주인에게 교체 가능 여부를 확인해본다. 세 번째는 결로에 따른 '곰팡이 발생 여부'다. 집이 하얗게 인테리어가 되어 있다면 깔끔하다고 지나치기 쉽다. 하지만 구조상 결로가 생기기 쉬운 집인데 세를 내놓기 전에 베란다에 탄성코트를 칠하고 도배를 새로 해서 겉으로 보기에만 깨끗한 경우가 종종 있다. 세입자가 이미 나가 있는 공실이고, 보통 도배를 세입자가 직접 하는 전세인데도 주인이 도배를 새로 해놓았으며, 베란다의 페인트칠이 기본이 아닌 탄성일 경우 중개소를 통해 확실히 확인하고 확답을 받아 놓는 편이 좋다.

전세 사기로부터 내 돈을 지키는 법

1. '등기부등본'도 두드려보고 건너자

꼼꼼하게 둘러보고 후보를 한두 채로 좁혔다면 집에 대한 권리 사항을 확인할 수 있는 '등기부등본'을 떼어봐야 한다. 중개소에 요청하면 바로 보여주지만, 만약 전세 사기일 경우에는 중개사 또한 사기에 연루되어 있을 가능성이 높으므로 귀찮더라도 집에 와서 개인적으로 한 번 더 떼어보기를 추천한다. 주소만 알면 '대법원 인터넷 등기소' 사이트의 '부동산 열람, 발급' 메뉴에서 건당 700원에 편하게 바로 떼어볼 수 있다.

2. 전세 사기 유형을 알자

전세 사기는 집주인 자체에 문제가 있는 경우와 중개사에게 문제가 있는 경우로 나뉜다. 전자는 한 명의 임대인이 다수의 세입자와 계약을 맺고 보증금을 받으면 잠적하는 유형이다. 단순한 개인의 투자 실패로 볼 수도 있지만, 가짜 임대인을 내세워 조직적으로 사기를 치는 경우도 종종 발생한다.

전세 사기는 보통 매매가와 전세가가 명확하지 않은 다세대 주택(빌라) 또는 오피스텔에서 매매가보다 전세가를 더 비싸게 받아 세입자를 들이거나, 소액의 선대출이 있다면서 주변 시세보다 전세를 저렴하게 계약할 때 발생한다. 이러면 나중에 문제가 생겼을 때 보증금 대신 팔리지 않는 집을 떠안게 되거나, 선대출이 있어 대항력을 상실하게 된다. 전

세금은 '어차피 전부 돌려받는 돈'이라는 생각에 매매를 할 때에 비해 마음을 느슨하게 가지는 사람들이 많다. 하지만 법률에서는 알아볼 수 있었는데 알아보지 않고 무지한 것을 '악의'라고 한다. 주변 시세를 꼼꼼하게 살펴보고 매매가 대비 전세가가 너무 높은 매물, 아무리 싸더라도 문제의 소지가 있어 보이는 계약은 되도록 피하는 것이 좋다.

중개사가 작정을 하고 집주인과 세입자 모두를 속이는 전세 사기도 있다. 집주인이 계약을 중개소에 일임했을 때, 중개사가 세입자와는 전세 계약을 맺고 집주인에게는 월세 계약을 맺은 것처럼 이야기를 한 다음, 전세 보증금을 가지고 잠적하는 방식이다. 따라서 계약서를 작성할 때 반드시 집주인의 신분증과 등기부등본의 이름 및 생년월일이 같은지를 확인해야 한다. 신분증의 진위 여부는 행정안전부 '1382'번으로 전화해서 주민등록번호와 발급 일자를 입력하면 확인이 가능하다.

전세금을 입금할 계좌도 주인 이름으로 된 계좌인지 한 번 더 확인해야 한다. 너무도 당연한 이야기 같지만 2024년에 발생한 오산 사기 사건에서 허점이 발견된 바 있다. 부동산 중개업체가 오산시 일대 다가구 건물 여러 채를 관리하면서 건물마다 건물주 이름과 동일한 단체 통장을 만들었던 사건이다. 예를 들어 주인 이름이 '정아현'이면 '정말 아름답고 현명한 사람들의 모임'의 줄임말이라며 '정아현'이라는 동일한 이름의 단체 통장을 만들어 중간에서 보증금을 가로챘던 것이다. 이러한 일을 방지하기 위해서는 계약 시 주인이 직접 그 자리에 참석하도록 요청해 신분증을 확인하는 것이 좋다.

3. 전세 보증 보험에 가입하자

전세 보증 보험은 계약 만료 후 임대인이 전세금을 돌려주지 못할 때 HUG(주택도시보증공사), HF(한국주택금융공사), SGI(서울보증) 등의 보증기관이 임차인에게 대신 보증금을 지급하는 제도다. 가입하는 데 집주인의 허락이 필요하지는 않지만, 계약 시 미리 언급을 해서 거부하는 집이라면 되도록 피하는 편이 좋다. 또 보증기관이 전세금을 미리 내주는 대신 집주인에게 전세금 반환을 청구할 수 있는 채권을 인수하는 시스템이기 때문에 계약서에 '채권양도금지' 특약이 없어야 한다. 보증기관별로 보증 대상과 한도가 모두 다르니 계약 전에 미리 각 기관 홈페이지에서 상담을 받아보자.

전·월세 잘 들어가고 안전하게 나오는 법

1. 이사 후 바로 확정일자 받기

이 모든 과정을 거쳐 전·월세집을 구하고 이사까지 마치고 나면 이사 당일에 동 주민센터에 가서 전입신고를 하고 확정일자를 받아야 한다(온라인으로도 가능. 전입신고는 '정부24', 확정일자는 '대법원 인터넷등기소'). 두 가지 신고를 모두 완료했다면 바로 다음날부터 임차인의 권리가 발생한다. 이때 문제가 되는 일이 집주인이 이사 당일에 대출을 받는 것이다. 대출은 당일부터 권리가 발생하기 때문에 임차인의 권리보다 앞서

게 되고, 이는 곧 내 보증금을 날릴 수 있다는 얘기다. 이를 방지하려면 임대차 계약을 맺고 나서 잔금 지급 및 이사를 하기 전에 계약서를 들고 주민센터를 찾아가 확정일자를 먼저 신고해야 한다. 확정일자가 있다면 은행에서 대출을 실행하기 전 조회를 통해 임대차 계약 여부를 파악할 수 있기 때문이다. 또 잔금 지급 및 이사 후 전입신고를 했다면 다음날 등기부등본을 한 번 더 발급받아서 대출 발생 여부를 재확인하는 편이 바람직하다.

2. 계약갱신청구권과 임차권등기명령 알아두기

2년이 지나면 대부분 계약 만료 3개월 전에 임대인과 임차인이 향후 거취를 이야기 나눈다. 임대인이 실거주를 한다며 집을 비워달라고 요청하지 않는 이상 임차인은 2년 더 살 수 있는 '계약갱신청구권'을 행사할 수 있다. 하지만 계약 기간 만료 1개월 전까지 별도 연락이 없다면 처음 계약 조건 그대로 묵시적 갱신이 이루어진다. 묵시적 갱신이 된 경우, 임차인은 계약갱신청구권을 사용하지 않았기 때문에 2년 뒤에 계약갱신청구권으로 한 번 더 계약을 연장할 수 있다. 다만 이때도 2020년 12월 10일 이후 체결 또는 갱신된 계약은 만료 6개월 전부터 2개월 전까지 청구해야 한다는 것을 알아두자.

그런 일이 있으면 안 되겠지만 만약 계약 종료 후 이사를 가야 하는데 보증금을 돌려받지 못하는 경우가 생긴다면 어떻게 해야 할까? 그때는 주택 소재지 법원 또는 인터넷 등기소에서 '임차권등기명령'을 신청해야 한다. 그래야 돈을 돌려받을 권리를 잃지 않은 상태에서 안전하게 이사를 갈 수 있고 추후에 신청과 관련된 비용과 늦게 돌려받는 보증금에 대한 지연손해금도 모두 받을 수 있다.

부동산 투자를 하는 궁극적인 목적은 내가 실거주를 하고 미래 투자 가치가 있는 집을 매매하는 것이다. 하지만 매매 이전의 전·월세 기간도 결코 허투루 지나가서는 안 되는 중요한 시기임을 기억해야 한다. 바로 이 시간이야말로 종잣돈을 모으고 금융 습관을 다지며 투자 기반을 준비하는 시기이기 때문이다. 전·월세 기간을 어떻게 안전하게 잘 보내느냐에 따라 이후 내 집 마련의 속도와 규모가 달라진다. 소중한 내 돈을 지키는 일에 총력을 다하자.

부동산 투자 공부 1

경제 상황과 수요·공급의 흐름 읽기

살면서 한 번은 꼭 하게 되는 부동산 거래. 내 집 마련과 전·월세 구하기는 무엇이, 어떻게, 얼마나 다를까? 사실 두 거래에서 다른 점은 딱 한 가지뿐이다. 전·월세를 구할 때 '살기 좋은 곳'과 '내 예산에 맞는 곳'을 중점적으로 생각했다면 내 집 마련은 여기에서 하나가 더 추가된다. 바로 '집값이 최소 물가상승률만큼 올라줘서 인플레이션으로 실질적인 재산이 줄어드는 것을 막아줄 수 있는 곳인가'이다.

　이 부분을 알아보고 판단하기 위해 일반인에게 적합한 부동산 공부는 두 가지 분야로 나뉜다. 바로 부동산 경기 흐름 파악과 지역별 입지 분석이 그것이다. 아무리 부동산 상승기라 흐름이 좋다고 해도 입지가 나쁘면 상승에서 소외될 수 있고, 아무리 입지가 좋아도 경제 상황이 나쁘면 가격이 같이 하락한다. 결국 부동산 투자는 입지와 경기 흐름을 모두 고려하여 그사이 내가 모은 돈에 맞춰 최선의 선택을 내려야 하는 일이다.

우리나라는 사람들이 가진 자산의 대부분이 부동산에 쏠려 있기 때문에 부동산 구입에 대한 체계적인 공부가 더욱 필요하다. 일단 공부를 시작하기에 앞서 두 가지를 꼭 염두에 두는 것이 좋다. 하나는 사람마다 성향이 다르다는 점이다. 어떤 사람은 하나를 배우고 나면 하나를 바로 매입해보면서 현장에서 배우는 방식을 선호하고, 어떤 사람은 일단 열까지 배운 후 전체적인 지도를 가지고 길을 떠나는 방식을 선호한다. 그저 성향이 다른 것이고 각각 장단점이 있으니 너무 조급해하지 말고 스스로 확신이 들 때 움직이도록 하자.

다른 하나는 전업 투자자가 될 생각이 아니라면 전국의 동향을 다 알려고 들지 말라는 점이다. 나에게 필요한 정보만 빠르게 취하고 나머지는 버리는 게 좋다.

우리가 부동산 공부를 하는 이유는 안정된 보금자리 확보 또는 자산을 키우기 위해서이고, 이는 곧 '가족과 나의 행복'이 목적이다. 그러나 간혹 공부 자체가 목적이 되어 주객이 전도되는 경우를 종종 보곤 한다. 그것만큼 손해 보는 일은 없다는 게 내 생각이다.

1단계: 경제의 흐름을 보면 집값 상승과 하락의 사이클이 보인다

주식 투자와 마찬가지로 부동산 투자에서도 가장 중요한 일이자 첫 번째로 선행되어야 하는 일은 '시장의 흐름을 읽는 눈'을 기르는 것이다. 모든 자산이 그러하듯 부동산 역시 한국 내의 상황뿐만이 아닌 세계 경제의 흐름에 직접적인 영향을 받는다.

먼저 부동산의 흐름을 파악하기 위해서는 1단계로 두 가지를 꾸준히 실천하기를 권한다. 첫 번째는 다이어리나 SNS에 하루 30분 정도 경제 기사 제목을 꾸준히 적어보는 것이다. 내용까지 읽으면 더욱 좋지만 처음엔 버거우니 제목만 읽어도 충분하다. 기사는 사실만을 전달한다고 생각할 수 있지만 실상은 신문사의 성향에 따라 같은 데이터를 가지고도 다르게 해석해 보도하므로 반드시 여러 신문사들의 기사를 골고루 둘러봐야 한다. 제목을 보는 일이 익숙해진다면 내용을 읽은 뒤 요약을 하고, 요약까지 익숙해진다면 그 밑에 자신의 의견을 적어본다. 그리고 지속적으로 과거의 기록을 돌아보면서 패턴을 찾아보는 것이 좋다.

이 작업을 하는 이유는 경제란 각 분야가 서로 유기적으로 얽혀 있어 부동산 하나만 단독으로 오를 수 없기 때문이다. 사실 우리나라 사람들이 선호하는 주거 형태인 아파트는 과거부터 지금까지 아주 비슷한 사이클을 보여주고 있다. 우리에게 익숙한 아파트 단지가 처음 생겨난 시기는 1960년대다. 제2차 세계대전 이후 미국의 경기 부양 정책과 베트남 특수(1964년부터 1973년까지 베트남전쟁 참전 기간 중 창출된 외화 수익), 수출 지원 정책 등으로 한국도 약간의 실물경기 호황을 맞으면서 그때 처음 아파트 단지가 등장해 인기를 끌었다. 그러다 1970년대 초반 중동의 '오일쇼크'가 터지면서 미국이 금리를 올리자 물가가 오르면서 아파트값도 함께 흔들렸다가 다시 상승했다. 하지만 곧 실물경기가 침체됐고 아파트값도 침체기에 들어갔다. 1970년대 후반에는 사람들이 집을 사는 대신 전세를 선호하면서 전세가율이 70%에 다다르기도 했다. 그 상황에 우리나라는 다시 경기를 부양시키기 위해 건설 사업을 확대시켰다. 건설 특수와 수출 상승으로 실물경기가 좋아지자 다시 매매가가 움직이기 시작했다. 하지만 '2차 오일쇼크'가 터졌고 세계 경제가 불황을 맞자 부동산 시장은 또 한 번 침체기에 들어갔다. 그러다 1980년대에 오일쇼크가 종료되면서 글로벌 경제 호황기가 돌아왔다. '3저'(저유가, 저금리, 저달러) 시대를 맞이하며 한국도 국민소득과 수출량이 급속도로 성장하게 된다. 이렇게 실물경기가 좋아지자 부동산은 다시 상승장을 맞이하기 시작했다.

그리고 이 같은 사이클은 40년이 지난 최근까지도 계속 반복되고 있다. 경제가 어려우면 미국이 돈을 풀고, 그러면 한국도 금리를 조절해 실물경기가 좋아지고, 시차를 두고 서민들이 체감할 만큼 물가와 아파트값이 오르다가 사람들이 취할 때쯤 돈을 다시 거둬들여 침체기에 들어간다. 침체가 지속되면 또다시 돈을 푸는데, 이렇게 외부에서 유동성의 파도가 왔다가 나가는 이 과정이 내가 사는 집값에 큰 영향을 미친다.

그러므로 앞으로의 경제 방향성을 짐작하기 위해서는 미국, 중국, 일본 경제의 큰 흐름 정도는 알고 있어야 한다. 그리고 이를 위한 가장 쉬운 방법이 아침에 5분 정도 시간을 내 경제 기사의 큰 제목들을 훑어보는 것이다.

두 번째는 도서관에 가서 지금 내가 읽었을 때 이해할 수 있는 수준의 책을 다섯 권 읽어보는 것이다. 많이 팔렸거나 서평이 좋은 책보다 더 도움이 되는 책은 내 수준에 맞는 책이다. 그 책으로 어느 정도 용어가 익숙해지면 그다음에 다른 책으로 넘어가도 늦지 않다.

이 1단계만 잘 해도 내 집을 마련하고 이사 다니는 일에 큰 도움이 된다. 정부는 집값이 물가상승률만큼 꾸준히 오르길 바라기 때문에 집값이 떨어지면 부양책을 펼치고 집값이 오르면 억제책을 펼치는데, 이 모든 과정이 뉴스에 대서특필된다. 정부가 집을 사라고 여러 혜택(취등록세 감면, 양도세 면제 등)을 준다는 뉴스가 나오면 집을 사거나 갈아탈 집을 미리 마련해놓고, 규제가 나오거나 금리를 올리는 등 조여오는 시기에는 밀려나지 않게 버티면 된다. 상승기 때 규제책을 쓰는 것을 두고 누군가는 계층 간 사다리를 없애버렸다고 비판하기도 한다. 그러나 애초에 사다리를 오르라고 놔줄 때 그 타이밍을 놓치지 않고 올라가면 되는 일이다. 사다리를 치울 땐 안 내려가고 버티다가 다음 사다리가 내려올 시기에 그걸 타고 그다음 단계로 올라가면 된다.

2단계: 편향된 정보는 거르고, 직접 데이터를 살펴보자

앞선 1단계가 익숙해졌다면 2단계로 넘어간다. 첫 번째는 부동산 블로그, 카페 글, 유튜브 영상 등을 일주일에 한 번 정도 찾아보는 것이다. 이 또한 기사처럼 반대 성향의 콘텐츠까지 두루 둘러본 후 나의 의견을 적어보는 것이 중요하다. 유튜브의 특성상 한 영상을 클릭하면 알고리즘에 의해 비슷한 영상만 뜨고 그 결과 확증편향이 생길 수 있기 때문에 주의해야 한다.

또 나중에 그 사람의 주장이 맞았는지 틀렸는지 점검하는 과정도 필수다. 저 사람은 많이 알고 대단한 사람이니까 저 사람 말이 맞을 거야, 라며 일방적으로 받아들이는 건 전혀 도움이 되지 않는다. 카메라 앞에서 단호하고 자극적인 말로 사람들을 끌어 모으는 SNS 특성상, 실제로 만나보면 부동산 공부하는 일반인보다 아는 게 없는 인플루언서도 상당히 많다.

두 번째는 KB부동산 사이트(kbland.kr)에 들어가 '주간 시계열'을 매주 주말에 한 번씩 클릭해보는 것이다. 현장에 비해 후행 데이터이고 전국을 다루다 보니 원인 분석이 정확하지 않은 경우도 종종 있으나 공부하는 시기에 전체적인 모습을 파악하는 데에는 이만한 자료가 없.

결과뿐만 아니라 근거 자료인 시계열 데이터를 다운받아 시트를 훑어보고 지역별로 하나씩 그래프를 그려보면 특정 지역의 매매 혹은 전세

▶ **KB부동산 주간 시계열(2025.10.20 기준)**

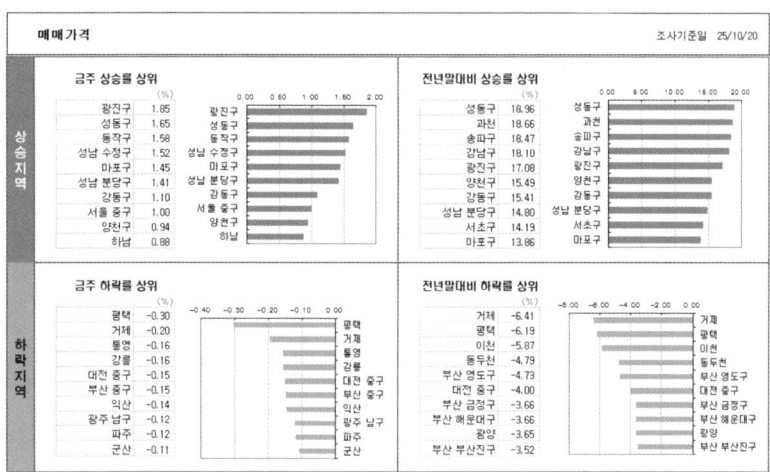

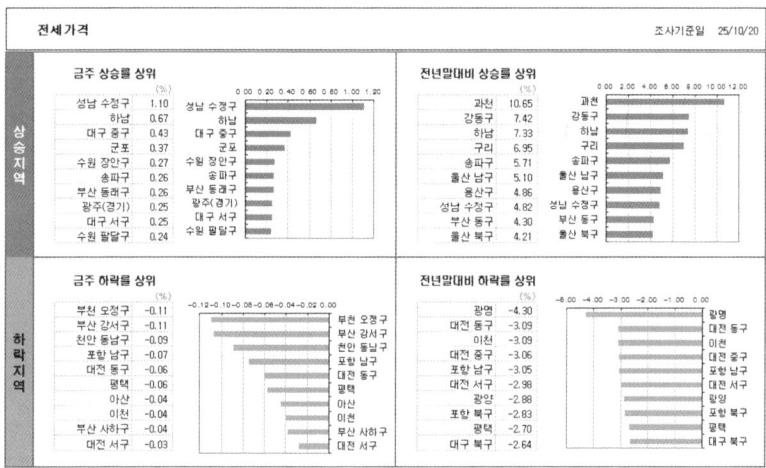

출처: KB통계 자료실〉주간아파트

가 지금 상승 중인지 하락 중인지, 투자 심리는 어떤지, 어떤 평형을 더 선호하는지 등을 파악할 수 있다. 내가 사는 지역부터 보면서 눈에 익힌 뒤, 이사 가고 싶은 동네로 확장해가면서 보도록 한다. 궁금한 지역이 있으면 추가로 기사를 검색해보고 네이버 부동산에 올라온 매물 가격을 둘러본 후 직접 다녀와서 기록해보기를 추천한다. 그렇게 나만의 데이터베이스를 쌓아가는 과정에서 예상치 못한 급매를 만날 수도 있다.

3단계: 나만의 '부동산 오답 노트' 만들기

마지막 3단계는 직접 의견을 적어보는 단계다. 이를 위해 1년에 한 번씩 부동산의 수요·공급을 스스로 계산해보기를 추천한다. 공급은 KB부동산 분양 정보, 부동산114, 호갱노노 등에 올라온 '입주 예정 물량'을 통해 알 수 있다. 앞서 KB부동산 시계열에서 매매가는 떨어지거나 멈췄는데 전세가가 올라가는 지역을 발견한다면 향후 3년간 공급 물량이 없는지 체크하고 대표 아파트 단지의 매매와 전세 가격이 좁혀지고 있는지 알아보자. 그런 후 찾아가서 현장 분위기를 느껴보는 순서로 공부하면 실력이 빠르게 늘어날 수 있다.

신축 물량이 쏟아질 때 인근의 구축 아파트값이 너무 싸다면 따라서 가격이 올라가기도 하고, 싸지 않다면 팔고 새집으로 가고 싶어 하는 사람들이 많아져서 가격이 내려가기도 한다. 또 새 아파트가 들어서는 위치도 잘 살펴봐야 한다. 아무리 신축이라도 인근의 구축 아파트보다 위치가 좋지 않으면 사람들을 흡수하는 데 한계가 있다. 그러므로 공급이 많다고 해서 무조건 인근이 흔들린다고 단정하기보다 좀 더 세밀하게 관찰하여 기록하는 것이 좋다.

수요는 통계청 사이트에 지역별 '인구'와 '소득', '지역 내 총생산'에 대한 자료가 공개되어 있으므로 이를 통해 해당 지역의 수요가 평균 어느 정도인지를 가늠해보면 된다. 또 국세청의 근로소득 연말정산 신고 현황 자료를 참고하는 것도 좋다. 소득이 높을수록 집값을 지불할 능력이 있다고 볼 수 있기 때문이다.

이 3단계에서 반드시 자신의 의견을 적어두어야 나중에 검토하면서 어느 부분은 예측이 맞았고 어느 부분은 틀렸는지, 어떻게 생각을 바꿔야 할지 나만의 '오답 노트'를 만들 수 있다. 학창 시절 공부도 결국 혼자 스스로 해야 성적이 오르는 것처럼, 이 과정도 사람들과 몰려다니기보다 주말 중 하루 정도를 비워두고 혼자서 알아보고 판단하는 편이 좋다.

부동산 투자 공부 2

부동산 투자의 시작과 끝, 입지란 무엇인가

경제 흐름에 이어 중요한 것은 부동산 투자의 시작과 끝이라 불리는 '입지'다. 입지를 살펴보기 전에 꼭 기억해야 할 점은, 입지는 절대평가가 아니라 상대평가라는 것이다. 부동산은 학교가 있으니 몇 점, 지하철역이 있으니 몇 점처럼 점수를 합산해 합격을 정하는 문제가 아니다.

입지에서는 점수보다 '등수'가 더 중요하다. 어느 아파트가 다른 아파트보다 조금 더 낫다면, 그 미묘한 차이는 곧 가격에 반영된다. 겉보기에는 비슷해 보여도 이 동네 아파트가 옆 동네보다 비싸다면 반드시 이유가 있는 법이다. 실제로 그곳에 사는 사람들에게 물어보면 금세 답이 나온다.

이처럼 '입지의 서열'을 이해하면 시장의 흐름을 더 정확히 읽을 수 있고, 더 나은 입지로 옮겨갈 계획도 훨씬 빠르게 세울 수 있다.

부동산의 상대성 입지 이론

입지의 상대성을 명품 가방에 빗대어 설명하면 좀 더 이해가 쉽다. 2020년은 '코로나19'로 인한 경기 침체를 막고자 유동성이 넘쳐나던 시기였다. 시중에 돈이 풀리면서 평소 2,200이던 코스피도 3,000을 향해 뛰어 올라갔고 코인도, 아파트도 가파른 등산을 시작하는 해였다.

그리고 그 시기 샤넬이 1년 만에 100만 원 넘게 가격을 올렸다는 기사가 나왔다. 샤넬은 가방에 반도체 같은 첨단기술을 넣는 것도 아니면서 핸드폰의 몇 배에 달하는 돈을 받으며 100년 가까이 살아남은 명품 브랜드다. 사람들이 샤넬 '신상'을 사기 위해 새벽부터 백화점 문 앞에서 대기하다가 뛰어가는 모습이 뉴스에 나오며 화제가 되자 누군가는 이를 비웃기도 했다. 하지만 그 모습은 미분양일 때는 쳐다도 보지 않다가 아파트값이 오르기 시작하자 사람들이 갑자기 청약을 하기 위해 새벽부터 줄을 서는 것과 근본적으로 같다.

이제 사람들은 둘로 나눠진다. 아직 안 오른 옆집 '디올'도 곧 오를 거라며 디올을 사러 가거나, 계속 오르는 샤넬의 브랜드 가치를 믿고 '역시 오늘이 제일 싼 게 맞구나' 하며 샤넬 매장으로 간다. 이후 샤넬에 맞춰 곧 디올, 루이비통 등도 연달아 가격을 올린다. 그렇게 모든 명품 브랜드의 가격이 올라 비싸다고 욕했던 샤넬의 가격이 상대적으로 싸 보인다 싶어지면 샤넬은 다시 값을 올린다. 가격 인상에도 등수에 따라 흐름이 있는 것이다.

가격이 오르면 안 사거나 못 사는 사람이 늘어나 수요는 줄어든다. 그러면 희소한 공급과 줄어든 수요가 만나는 지점에서 적정 가격이 형성된다. 공급이 부족하다고 해서 가격이 무조건 오르는 것도 아니고, 그렇다고 '그래봤자 결국 가죽 가방인데 이 값이 맞냐'라며 의문을 제기하는 사람들이 많아진다고 해서 곧바로 내려가는 것도 아니다. 기꺼이 그 가격을 지불할 일부가 존재하는 한 가격은 유지된다. 인구가 줄면 가방이 남아 값이 떨어질 거라 생각할 수도 있지만, 그때는 샤넬이 줄어든 수요에 맞춰 생산량을 줄이면 그만이다.

그러다 시간이 지나 가방을 중고로 팔게 되면 재밌는 일이 벌어진다. 샤넬 백을 쓸 만큼 쓰고 팔려고 하니 샀던 가격보다 중고가가 더 높다. 반면 합리적인 가격이라 생각하며 샀던 30만 원짜리 브랜드 가방은 중고로 3만 원도 채 하지 않는다. 그나마도 팔리면 다행인데 안 팔리면 의도치 않게 장기 보유다. 이런 상황을 경험한 소비자는 결국 소비에서 양극화 성향을 띠게 된다. 아예 비싼 명품 가방을 사거나 그렇지 않으면 사은품으로 받은 가방을 들게 되는 것이다. '명품 언박싱'을 하는 블로거나 유튜버의 일상을 보면 가방과 시계는 1,000만 원짜리를 사도 커피는 할인 쿠폰 챙기고 공짜 쿠폰을 모아서 먹는다.

샤넬에 대기 줄이 없던 몇 년 전, 가방을 사러 갔을 때 매장에 '클래식'

모델이 남아돌아서 다 들어보았던 적이 있다. '클래식' 가방은 예전에 오래 들었기 때문에 '보이백' 모델을 샀는데, 당시 '보이백'이 '클래식'보다 70만 원 정도 저렴했다. 현재 차이는 얼마인지 아는가? 무려 600만 원이다. 옆 대단지 아파트와 고민하다가 5,000만 원이 모자라 이 아파트 샀는데, 지금은 차이가 5억으로 벌어진 걸 보는 기분이다.

이렇듯 사람 심리는 껌을 사든 가방을 사든 집을 사든 비슷하게 전개된다. 그렇기 때문에 처음 부동산 입지를 공부하기 시작할 때 가장 빨리 흐름을 읽는 방법은 지역별로 1등부터 줄을 세워보는 것이다. 가격은 많은 걸 포함하고 있기 때문에 가격별로 순서를 매긴 후 왜 그런지 살펴보면 자동으로 입지 분석이 이루어진다.

서울 → 광명 → 부천 → 인천

강남구 → 서초구 → 송파구 → 용산구 → 성동구

흑석동 → 동작동 → 사당동 → 본동 → 상도동

이런 식으로 지역별로 화살표를 그려보면서 사람들이 더 선호하는 이유를 여러 각도에서 생각해 적어본다. 이렇게 등수가 생긴다는 건 일자리, 교통(지하철역 및 도로), 학군(학교 및 학원가), 건축 연도, 단지 규모, 개발 호재, 주변 인프라 등에 사람들이 상대적으로 더 선호하는 요소가 있다는 뜻이다. 거창하게 입지 분석이라 이름 붙였지만 결국 '사람이 얼마나 살기 좋은가'를 생각하면 쉽게 이해할 수 있다. 통계청 사이트에 들어가면 시군구별 인구 이동에 대한 데이터를 볼 수 있는데, 사람들이 어디로 이사 가는지 흐름을 파악하여 교차로 검토하면 더욱 정확한 입지 분석이 가능하다.

종종 내 블로그에 '다음은 ○○지역이 오를 차례'라고 쓰고 나서 보면 다른 분들도 비슷한 시기에 비슷한 글을 올릴 때가 있다. 그런 걸 신기하게 생각하는 분들이 있었는데 사실 원리는 간단하다. 여기까지 공부해 놓고 시간이 흐르면 '○○이 올랐다고 기사 뜨네? 곧 □□도 소식 있겠네(앞 파도)', '○○이 규제 지역이 됐잖아? 곧 옆 △△이 올라가겠구나(풍선효과)', '○○가 **억이라고? 그럼 □□가 이 가격이면 너무 싼데? 곧 오르겠구나(뒤 파도)' 등 입지에 따른 가격에 대해 어느 정도 감을 잡을 수 있게 된다.

가끔 특정 지역의 집값이 오르거나 하락하면서 순서가 바뀌기도 한다. 작게는 아파트 단위부터 크게는 시 단위까지 순위가 바뀌었다가 시간이 지나며 다시 맞춰지는 걸 볼 수 있는데 이를 '키 맞추기'라고 부른다. 매도·매수 타이밍을 이것으로도 교차 검토할 수 있다.

오를 집을 찾는 시세 분석 3단계

1단계: 현명하게 손품·발품 팔기

입지 공부를 막 시작하려는 사람들에게 나는 1단계로 두 가지 방법을 추천하고 있다. 첫 번째는 부동산 카페나 맘카페 등 온라인 커뮤니티에 내가 살고 있는 동네에 대한 글을 찾아서 읽는 것이다. 특히 서로 자기네 동네가 좋다며 기싸움하는 부동산 카페보다는 맘카페가 더 유용할 때가 많다. 이번에 남편이 발령을 받아서 그쪽 동네로 아이와 함께 이사를 가게 되었는데 동네에 대해 잘 모른다, 얼마가 있는데 추천해달라고 글을 쓰면 교통, 학군 정보 등이 망라된 진솔한 답변을 얻을 수 있다.

두 번째로는 집 앞 부동산 중개소를 수시로 찾아가면서 분위기를 파악하는 것이다. 내가 아는 어떤 분은 강의나 책은 전혀 보지 않지만 자주 집 앞 중개소에 놀러가 있다가 가끔 급매가 나오면 바로 산다. 시간이 지난 뒤 보면 이런 분들이 가장 돈을 많이 벌었다. 제일 잘 아는 곳이니 조금 흔들린다고 조급하게 팔지도 않고, 팔게 될 때는 중개소장님과 친분이 있으니 조금 더 빨리 팔리는 편이었다.

그런데 생각보다 많은 사람이 동네 중개소 중 어디를 들어가야 하는지, 들어가면 무슨 말을 해야 하는지 묻곤 한다. 아주 사소한 팁을 이야기하자면, 일단 아파트 이름과 같은 이름의 중개소들을 우선적으로 가면 좋다. 이들은 입주 때부터 있었던 터줏대감일 가능성이 높기 때문이다. 어딘가 간판이 낡고 허름한데 괜히 아주머니들이 앉아서 수다 떨고 있는 중개소들은 대체로 단골이 많아 자기만의 물건을 확보해놓은 곳인 경우가 많았다. 나 역시 실제로 어떤 지역의 중개소 두세 곳에서는 보여줄 집이 없다는 이야기를 들었지만, 한 곳에서는 다섯 개가 넘는 집을 보고 원하는 조건으로 골라서 계약을 할 수 있었다.

중개소가 중요한 이유는 가격, 특약, 대출까지 거래 전반에 걸쳐 영향력을 발휘하기 때문이다. 소장님들은 대부분 주로 거래하는 대출 업자, 인테리어 업자, 법무사가 있기 때문에 종종 돌발 상황으로 사고가 날 수 있는 상황을 알아서 해결해주기도 한다. 마음이 맞는 곳 한두 곳을 정해 자주 들르며 중개사 분들을 챙겨드리는 편이 좋다. 최악은 온갖 트집을 잡거나 법 조항을 들먹이며 복비를 깎으려고 하거나 문자로 여러 곳에 집을 내놓는 것이다. 여러 곳에 뿌려진 집이라는 생각이 들면 중개사 입장에서는 당연히 우선순위에서 제외시킬 수밖에 없다. 그러니 복비를 잘 챙겨드리고 이후에도 좋은 물건을 우선적으로 소개받는 것이 나에게도 훨씬 이득이다.

또 살 때도 여러 곳을 마구 다니기보다 한두 곳을 정해놓고 알아보는 것이 좋다. 부동산 공부를 하던 초반, 한 아파트를 매입하고 싶었는데 당시 내 신조는 '발품을 팔자'였다. 덕분에 한 부동산에 들러 사고 싶은 평수의 집을 보고 주인한테 깎을 수 있는지 물어봐달라고 하고, 그다음 부동산에 들러서 또 그 아파트의 같은 평수 매물 주인한테 얼마나 '네고'가 가능한지 물어봤다. 그렇게 여러 부동산을 다니다 보니 유독 잘 깎아주시는 분을 찾아낼 수 있었다. 그리고 그 아파트는 결국 못 샀다. 알고 보니 그 아파트 그 평수 매물은 하나뿐이었고 이 부동산, 저 부동산에서 연락이 오자 주인이 집값이 오를 것 같다며 물건을 거두었던 것이다. 다른 매물이라도 알아봐달라고 매달렸지만 나오는 족족 주인들은 계속 거두었다. 여러 곳에서 접촉한 나를 보고 손님이 많다고 판단한 것이다.

문을 열고 들어가서 부담 갖지 말고, 또는 연기할 생각하지 말고 그냥 "저 여기 어디 어디에 사는데 요즘 얼마인지 궁금해서 왔어요. 혹시 이사 추천할 만한 곳 있나요?"라고 솔직하게 말하면 된다. 스터디 조원끼리 부부인 척도 해보고 부녀지간인 척도 해봤지만 있는 그대로 말했을 때 서로 터놓고 더 좋은 정보를 얻을 수 있었다. 중개소 소장님 입장에서는 당장 거래를 안 하더라도 잠재 고객일 수 있기 때문에 잘 응대해주신다.

2단계: 지역별 보고서 작성 후 모의 투자 해보기

1단계가 익숙해졌다면 2단계에 돌입해보자. 첫 번째는 1단계에서 파악한 내용을 정리하여 내가 살고 있는 지역에 대한 보고서를 간단하게 만들어보는 것이다. 시간을 많이 들일 필요 없이 추가로 어떤 개발 계획이 있는지, 인구 추이나 주요 산업은 어떻게 되는지, 어느 학교를 선호하고 어디에 학원이 몰려 있는지, 재개발·재건축을 하는 곳은 어디고, 얼마나 진행되었는지 검색해 간략하게 기록해보기를 추천한다. 재개발·재건축은 서울 클린업(cleanup.seoul.go.kr)처럼 지역별로 위치와 상세 내용이 정리된 사이트가 있으니 포털에서 검색해서 둘러보는 것이 좋다.

다음은 그 보고서를 바탕으로 내가 가진 종잣돈에 따라 어떤 집을 살지 도출해 모의 투자를 해본다. 사실들의 정리에서 끝내지 말고 반드시 나의 의견을 적어야 어느 부분이 틀리고 맞았는지 체크하면서 발전할 수 있다.

3단계: 이사 가고 싶은 곳 탐색하기

2단계까지 완료했다면 마지막 3단계를 시도해보자. 3단계의 첫 번째는 이사 가고 싶은 동네로 진출하여 부동산도 들어가 보고 지역별 보고서를 작성해보는 것이다.

사람 사는 데는 어디든 비슷하기 때문에 1, 2단계를 거쳤다면 다른 지역을 가도 낯설지 않다. 나 역시 사는 곳인 인천을 한 번 머릿속에 넣어두자 다른 지역을 가도 '여긴 구도심인 구월동이랑 비슷한데?', '여긴 신도시 송도랑 비슷하다!', '저긴 남동공단 인근과 비슷하니 월세가 잘 나가겠구나'라며 금방 적응할 수 있었다. 전주 혁신도시와 구도심인 상산고 인근, 대전 도안 신도시와 둔산동, 순천 신대지구와 조례동 등을 다녀보고 보고서를 만들어보니 패턴이 있다는 걸 느낄 수 있었다.

두 번째는 국토종합계획을 찾아보는 것이다. 국토종합계획은 나라에서 10~20년 단위로 주요 개발 정책을 잡아놓은 것으로, 현재는 2020년부터 2040년까지 제5차 국토종합계획이 진행 중이다. 10~20년 단위가 너무 멀게 느껴질 수도 있지만, 이 큰 줄기를 기준으로 내가 사는 지역, 살고 싶은 지역까지 개발의 흐름이 잔뿌리처럼 진행되기 때문에 관심을 가지는 것이 좋다.

제5차 국토종합계획은 인구 감소와 저성장, 환경문제를 기본으로 하며 이를 위해 지역 균형 발전, 관광문화 산업 확대, 친환경적 국토 공간 구현을 진행하고 있다. 관심 있는 지역이 미래에 어떤 모습으로 변할지 개발 계획을 통해 청사진을 그려볼 수 있을 것이다.

▶ **국토종합계획의 변천**

구분	수립 배경	비전 및 목표	추진 전략 및 주요 정책 과제
제1차 국토개발계획 (1972~1981)	• 국력의 신장 • 공업화 추진	• 국토 이용 관리 효율화 • 사회간접자본 확충 • 국토 자원 개발과 자연보전 • 국민 생활 환경의 개선	• 대규모 공업 기반 구축 • 교통통신, 수자원 및 에너지 공급망 정비 • 부진 지역 개발을 위한 지역 기능 강화
제2차 국토개발계획 (1982~1991)	• 국민 생활 환경의 개선 • 수도권의 과밀 완화	• 인구의 지방 정착 유도 • 개발가능성의 전국적 확대 • 국민복지 수준의 제고 • 국토 자연환경의 보전	• 국토의 다핵구조 형성과 지역 생활권 조성 • 서울·부산 양대 도시의 성장 억제 및 관리 • 지역 기능 강화를 위한 교통·통신 등 사회간접자본 확충 • 후진 지역의 개발 촉진
제3차 국토종합계획 (1992~2001)	• 사회간접자본시설의 미흡에 따른 경쟁력 약화 • 자율적 지역개발 전개	• 지방 분산형 국토 골격 형성 • 분산적·자원 절약적 국토 이용 체계 구축 • 국민복지 향상과 국토 환경 보전 • 남북통일에 대비한 국토 기반의 조성	• 지방 육성과 수도권 집중 억제 • 신산업지대 조성 및 산업구조 고도화 • 종합적 고속 교류망 구축 • 국민 생활과 환경 부문의 투자 증대 • 국토 계획 집행력 강화 및 국토 이동 관련 제도 정비 • 남북 교류 지역의 개발 관리
제4차 국토종합계획 (2000~2020)	• 21세기 여건 변화에 주도적으로 대응 • 국가 경쟁력과 국민 삶의 질 확보를 위한 새로운 국토 비전과 전략 필요	• 비전: 21세기 통합 국토 실현 • 더불어 잘사는 균형 국토 • 자연과 어우러진 녹색 국토 • 지구촌으로 열린 개방 국토 • 민족이 화합하는 통일 국토	• 개방형 통합 국토축 형성 • 지역별 경쟁력 고도화 • 건강하고 쾌적한 국토 환경 조성 • 고속교통 정보망 구축 • 남북한 교류 협력 기반 조성

제4차 국토종합계획 수정계획 (2006~2020)	• 노무현 정부 출범 - 분권·분산에 입각한 균형 발전이 국정 기조로 강조 - 행정중심복합도시 등 국토 공간 구조 변화 반영 - 남북 교류 협력 확대 및 대외환경 변화에 대응	• 비전: 약동하는 통합 국토의 실현 • 더불어 잘사는 균형 국토 • 자연과 어우러진 녹색 국토 • 지구촌으로 열린 개방 국토 • 민족이 화합하는 통일 국토	• 행정중심복합도시 건설, 공공기관 지방 이전, 혁신도시·기업도시 건설 추진 • 개방형 국토축 + 다핵 연계형 국토 구조 π형 국토축(7+1) 구조
제4차 국토종합계획 수정계획 (2011~2020)	• 이명박 정부 출범 - 국가 경쟁력이 국정 기조로 강조 - 4대강 살리기 사업 등 국책사업 반영 - FTA 시대의 글로벌 트렌드를 수용한 글로벌 국토 실현	• 비전: 글로벌 녹색 국토 • 경쟁력 있는 통합 국토 • 지속가능한 친환경 국토 • 품격 있는 매력 국토 • 세계로 향한 열린 국토	• 광역 경제권 형성하여 지역별 특화 발전, 글로벌 경쟁력 강화 • 지역 특성을 고려한 전략적 성장 거점 육성 • 5+2 광역 경제권

출처: 제5차 국토종합계획 2020~2040 공고 자료

▶ **제5차 국토종합계획 비전과 목표**

구분	제5차 국토종합계획 (2020~2040)
비전	• 모두를 위한 국토, 함께 누리는 삶터
목표	• 어디서나 살기 좋은 균형 국토 • 안전하고 지속가능한 스마트 국토 • 건강하고 활력 있는 혁신 국토
추진 전략	• 공간 전략: 연대와 협력 통한 유연한 스마트 국토 구현 • 발전 전략: ① 개성 있는 지역 발전과 연대·협력 촉진 ② 지역 산업 혁신과 문화관광 활성화 ③ 세대와 계층 아우르는 안심 생활 공간 조성 ④ 품격 있고 환경 친화적 공간 창출 ⑤ 인프라의 효율적 운영과 국토 지능화 ⑥ 대륙과 해양 잇는 평화 국토 조성

출처: 국토교통부, 연합뉴스, 2019.12.03.에서 발췌

▶ 국가균형발전 프로젝트

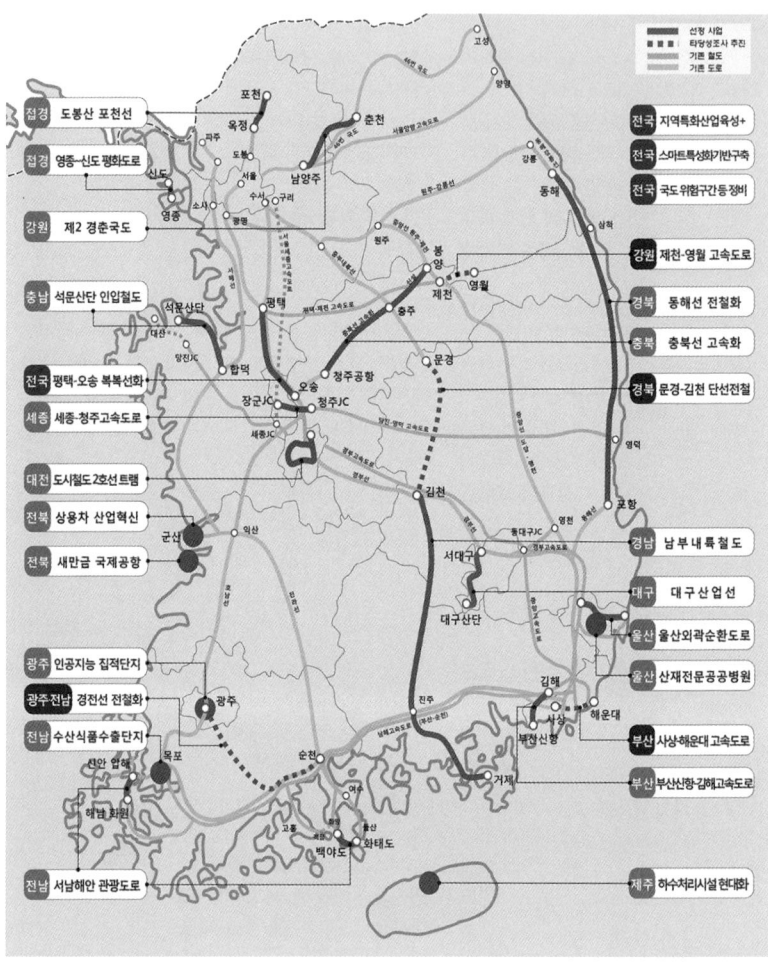

출처: 국가균형발전위원회, 2019

▲ 국가혁신클러스터와 혁신도시별 특화 선도·프로젝트

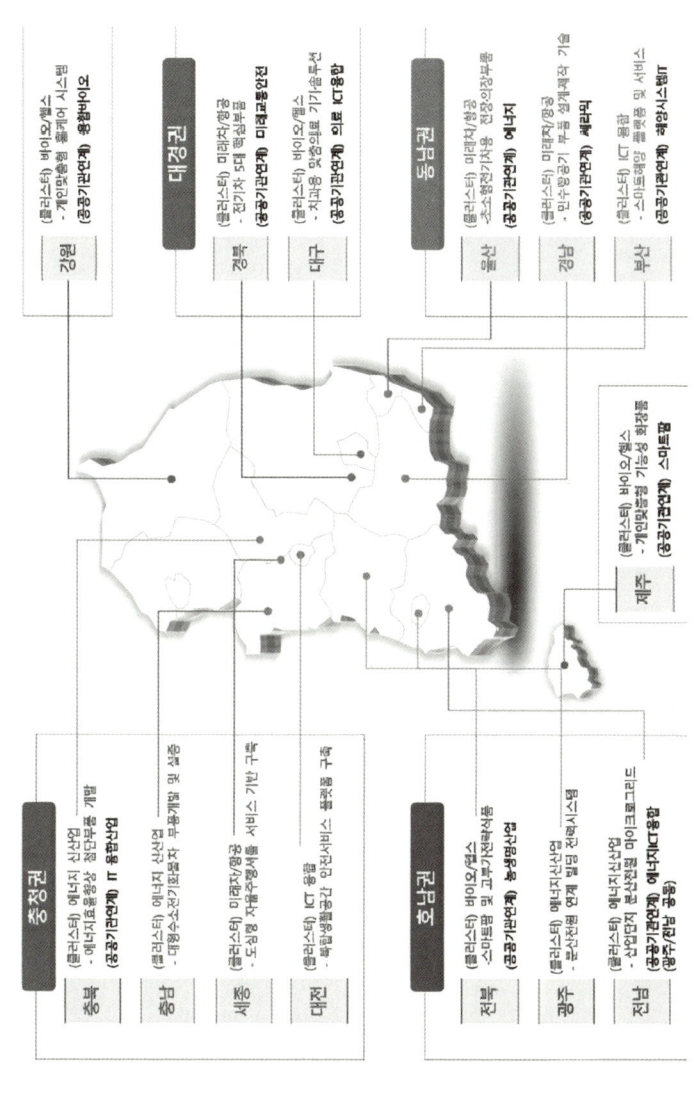

출처: 산업통상자원부, 2018

제3장 [부동산 투자] 사는 집을 돈 버는 집으로 만들기

▶ **2030 수도권 및 지방 대도시권 광역교통 구상도**

수도권 광역교통 구상(2030)

□ 수도권은 광역급행철도를 간선축으로 철도 중심의 대중교통망 확충

동북권	동남권

• 광역급행철도망(GTX-B·C) • 외곽순환 복층화 검토 및 제2순환 완공 • S-BRT(왕숙), 환승센터 구축(덕정, 별내역 등)	• 외곽지역 빠르게 연결하는 급행간선망 (GTX-A) • 간선도로 확충(구리-세종, 오산-용인 등) • 신시가지를 트램, BRT로 연결
서남권	서북권

• 도심 방향 광역급행망 확충(GTX-B·C, 신안산선) • 외곽순환 복층화 검토 및 제2순환 완공 • S-BRT(부천대장 등), 환승센터 구축(부천운동장역 등)	• 광역급행철도(GTX-A) • 제2순환(김포-양주) 완공, 제1, 제2순환망 (서울-문산 등) 연결

지방 대도시권 광역교통 구상(2030)

□ 지방 대도시권은 주요 교통축 중심 광역철도서비스 확대 및 대중교통 연계 강화

부산울산권	대구권
• 남해–동해 지하고속도로(사상–해운대) 검토 • 양산–울산축 도시철도 및 광역철도 확충 • 거점역 환승센터(울산역, 태화강역) 구축	• 대구권 광역철도(구미–경산) 추진 • 군위축–경산축 혼잡해소 위한 광역도로 신설 검토 • 거점역 환승센터(서대구역) 구축
광주권	대전권
• 외곽순환 고속도로 단절 구간(본량–진원) 완공 • 광주2호선(시청–광주역–시청) 구축 • 거점역 환승센터(광주송정역) 구축	• 충청권 광역철도 구축 • 서울–세종, 세종–청주 고속도로 건설 • 환승센터(유성터미널) 구축 및 세종시 인접 도시(공주, 조치원) BRT 연결

출처: 국토교통부 대도시권광역교통위원회, 2019

부동산을 사는 것은 단순한 물건이 아니라 '미래'와 '시간'을 사는 것과 같다. 30대 초반에 육아휴직에 들어가기 전, 나는 회사에서 부동산 투자로 유명한 한 과장님에게 투자 비결을 물어본 적이 있다. 그분은 1억 원짜리 신혼집을 시작으로 몇 번의 이사를 다니면서 자산을 불려, 30대 후반이었던 당시 4억 원짜리 집에서 대출 없이 살고 있었다. 그게 벌써 10여 년 전이니 현재는 15억 원 정도 되리라 추정된다. 그분은 투자를 하면서 단 두 가지만 염두에 뒀다고 했다. 첫 번째는 '낮에도 가보고 밤에도 가본 다음에 산다', 두 번째는 '대지지분이 크고 대단지인 아파트만 산다'였다.

첫 번째는 지금 살기 좋은 곳을 찾는 방법이고, 두 번째는 미래가 좋을 곳을 찾는 방법이다. 흐름과 입지를 알아가다 보면 이런 식으로 나만의 선호 기준이 명확해진다. 먼 미래 같아 보일지라도 늘 앞날을 상상하면서 평소에 부동산 중개소를 자주 드나들다 보면 기회가 왔을 때 충분히 원하는 결과를 얻을 수 있을 것이다.

반드시 체크해야 할 세 가지 돈: 대출, 시세차익, 세금

얼마 전 SNS에 조회 수와 댓글이 폭발한 글이 있었다. 지금도 충분히 편하고 안정적인데 굳이 집을 사야 하느냐는 질문이었다. 1인 가구의 증가, 서울 지역의 집값 상승, 과도한 대출 및 대출이자에 대한 부담 등으로 '차라리 무주택이 속 편하다' 같은 인식이 일부 젊은 세대를 중심으로 생겨나고 있는 것으로 보인다. 그러나 이는 근시안적 시각에서 비롯된 질문으로, 하나만 알고 둘은 모르는 격이다. 시세차익, 인플레이션 헤지 등 꼭 재테크를 위해서가 아니더라도 내 집 마련은 꼭 필요하다. 전·월세는 주인이 보증금을 떼어먹지는 않을지, 만기가 되면 주인이 나가라고 하지는 않을지, 전셋값이 올라서 더 외곽으로 밀려나야 하는 건 아닌지 등 내가 주도권을 갖고 결정할 수 있는 사항이 적어 안정적이기 힘들다. 따라서 내 집 마련은 무리 없이 장만해서 거주의 안정을 추구하고 가격의 등락에 너무 스트레스 받지 않겠다는 마음가짐을 먼저 가지고 출발해야 한다.

주택담보대출, 정확히 알고 제대로 활용하자

무리하지 않고 집을 장만하기 위해서는 대출에 대한 기본적인 이해가 선행되어야 한다.

대출의 기본 1: LTV

집을 매수할 때 받는 주택담보대출이 전세자금대출과 다른 점은 소득에 따라 대출한도가 달라진다는 점이다. LTV(담보인정비율)란 전세자금대출과 흡사하게 집값에 대한 대출 비율을 의미한다. 예를 들어 집값이 10억 원이고 LTV가 70%(투기과열지구 50%)라고 한다면 '10억 원 × 70% =7억 원'까지 대출이 가능하다는 뜻이다.

대출의 기본 2: DTI

DTI(총부채상환비율)는 주택담보대출의 연원금과 이자 상환액, 그 외 대출의 연이자 상환액을 더한 금액이 연소득에서 차지하는 비율을 말한다. 연수입이 6,000만 원인 사람의 주택담보대출 연원금과 이자 상환액이 월 200만 원(연 2,400만 원)이고, 그 외 신용대출의 이자 납부액이 월 50만 원씩으로 연 600만 원이라면 DTI 비율은 '(2,400 + 600)/6,000 = 50%'가 된다.

대출의 기본 3: DSR

대출을 받을 때 가장 문제가 되는 부분은 DSR(총부채원리금상환비율)이다. 내가 가진 모든 대출의 연간 원리금 상환액을 연간 소득으로 나누어 산출하는데, 마이너스통장이나 신용대출은 주택담보대출에 비해 만기가 짧기 때문에 소액이라도 크게 영향을 줄 수 있다. 여기에 기존 DSR에 미래 금리 변동 위험을 가산금리로 얹어서 계산해 대출한도를 더 낮추는 '스트레스 DSR'까지 시행되어 집값에 대비해 소득이 적다면 예상보다 대출이 더 적게 나올 수 있다.

이와 같은 규제는 과거 2000년대 집값 상승 때 대출을 과다하게 받았다가 2008년 금융위기를 겪으면서 금리는 상승하고 집값은 하락하여 소득의 대부분을 주택담보대출 원리금으로 납부하는 '하우스 푸어'가 양산됐던 과오를 예방하기 위해서 실시되었다. 이른바 '영끌'로 무리하게 대출을 받으면 금리가 상승할 때 더 버티지 못하고 집을 헐값에 처분하거나 경매로 넘어가는 결과를 가져올 수도 있다. 하지만 그렇다고 해서 대출을 무서워할 필요는 없다. 무리한 대출이 문제일 뿐, 대출 자체는 아무 문제가 없다. 오히려 적절한 대출은 시간이 지날수록 물가가 오르고 소득이 늘어나면 상대적 가치가 작아지기 때문에 더 이득이다.

　DSR에 따른 대출 가능 금액을 정확히 알기 위해서는 혼자 계산하는 것보다 은행의 대출 담당자와 상담하는 편이 제일 정확하다. 집 구매 예산을 세울 때 반드시 여러 은행에 대출 상담을 받아야 한도에 맞는 다양한 이자율의 상품을 접할 수 있다. 같은 은행이라도 지점마다 취급하는 상품이 다르므로 최대한 손품, 발품을 많이 파는 것이 좋다. 내가 아는 어떤 분은 일부러 고객이 적은 지역을 찾아가서 유리한 조건으로 대출을 받아오기도 했다.

　보통 신혼집을 전세가 아닌 매매로 시작할 때 많은 사람이 금액적으로 무리를 하곤 한다. 꿈꾸던 신혼집에 대한 환상이 있기 때문이다. 하지만 부부 둘이 맞벌이를 하고 아이에게 나가는 지출이 없는 신혼 2~3년이 종잣돈을 마련할 절호의 기회다. 거기다 젊으니 충분한 시간을 갖고 종잣돈을 굴리면 나중에는 원하는 집을 무리 없이 살 수 있다. 예쁜 인테리어나 무리한 대출에 따른 이자 등 없어지는 돈에 지나친 지출을 하지 말자. 신혼집은 소소하게 둘이 같이 만들어가는 공간이라 생각하면 충분하다.

거주용과 투자용을 따로 가져가는 것도 방법이다

거주와 투자를 모두 만족시키기 어렵다면 아예 둘을 분리하는 것도 좋은 방법이다. 《나는 미국 월배당 ETF로 40대에 은퇴한다》를 쓴 최영민 저자는 시세차익은 아파트 투자로, 퇴사는 배당주 세팅으로 이룬 케이스다. 강남에서 자랐지만 경상북도에 가족들이 실거주를 하면서 주거비를 절감했고, 아내와 맞벌이를 해 모은 돈으로 잠실 아파트를 매입해 10억 이상의 시세차익을 보았다. 그사이 전세가가 올라 대출도 대부분 상환했으며, 재직 20년을 채워 희망퇴직금을 받아 그동안 굴렸던 종잣돈과 합쳐 배당주에 투자를 해 현금흐름을 확보한 덕분에 40대 은퇴에 성공했다.

이뿐만 아니라 재개발·재건축 구역에 내 집 마련을 해놓고 송도국제학교 근처에 월세로 사는 사람, 오를 것이라 예상되는 지역을 매수한 뒤 아이의 농어촌 특별전형이 적용되는 지역에 실거주하는 사람 등의 사례도 상당히 많다.

이때 주의해야 할 점은 우리 가족이 어떤 삶에 만족하는지 확실히 알고 있어야 한다는 것이다. 서울의 유명한 학군지에 거주하고 싶지만 돈은 부족했던 A는 서울 비학군지에 내 집 마련을 할 수 있었음에도 원하는 지역에 월세로 이사한 후 남는 돈을 계속 오를 거라는 주식에 넣었다. 그러다가 집값이 꾸준히 오르자 당황해서 비싼 강의를 쫓아다니다가 소액으로 살 수 있다는 말에 주식을 팔아 수강생들이 우르르 들어가는 부동산을 매입했고 이후 하락을 맞았다. 나만의 기준이 명확했다면 주식과 부동산 모두를 놓치는 일은 없었을 것이다.

신축 아파트를 마련하는 세 가지 방법

예산을 계산하고 살고 싶은 지역도 정했다면 집을 사는 방법을 알아봐야 한다. 신축 아파트를 마련하는 방법으로는 세 가지가 있다.

1. 입주권 매수

첫 번째는 입주권을 사는 것이다. 재개발·재건축이 진행되면서 기존 주택을 갖고 있던 사람이 새집을 받을 권리를 얻게 되는데 이것을 '입주권'이라고 한다. 입주권을 사게 되면 조합원이 되어 조합원 분양가로 새 아파트를 받을 수 있고 좋은 동호수를 선점할 수 있다. 하지만 공사비가 상승할 경우 추가 분담금을 더 내는 리스크가 생길 수 있다.

2. 신축 아파트 청약

두 번째는 주택청약 통장을 만들어 새 아파트 분양을 받는 것이다. 재개발·재건축으로 기존 집을 허물고 새 아파트를 지으면 원래 그곳을 갖고 있던 조합원이 먼저 새 아파트를 나눠 갖고 남은 물량을 일반인도 살 수 있게 내놓는 걸 '분양권'이라 한다. 최근에는 정부의 분양가 상한제로 인근 아파트보다 저렴하게 나오는 경우가 많아 당첨만 되면 돈을 버는 '로또 청약'이라는 말이 유행하고 있다. 반대로 분양가가 너무 높게 나왔다면 청약의 장점이 사라지니 시세 조사를 철저히 해야 한다.

3. 분양권 매수

세 번째는 당첨된 분양권을 매수하는 것이다. 신축 아파트 입주는 대다수가 분양권을 매수하는 경우다. 이미 인근 시세 조사를 마치고 분양권 가격에 프리미엄을 얹어서 매입했기 때문에 새 아파트의 편리함과 앞으로의 시세차익을 기대하는 게 목적이다. 전체 집값의 5~10%인 계약금만 있으면 계약이 가능하고 중도금은 건설사의 집단대출을 활용해 낸다. 잔금은 몇 년 뒤 입주 시점에 납부하기 때문에 초기 자금 부담이 적다는 장점이 있다. 단지별로 주택 수 포함, 전매 제한 여부가 다르니 꼼꼼하게 살펴보고 결정해야 한다.

신축과 구축 주택 모두 이사할 때 시공하는 발코니 확장, 시스템 에어컨 설치, 새시 비용은 매도 시 양도세 공제를 받을 수 있으니 영수증을 잘 챙겨두어야 한다. 부부가 공동명의로 계약을 하는 것도 권장하는 사항이다. 큰 덩어리의 자산이 나눠짐에 따라 살면서는 재산세와 종합부동산세, 팔 때는 양도세 절세 효과를 볼 수 있기 때문이다.

절대 놓쳐선 안 될 취득세와 특약 사항

매수할 때 추가로 고려해야 할 사항으로는 '취득세'와 '특약'이 있다. 6월 1일에 누가 집을 갖고 있느냐로 재산세와 종합부동산세가 매겨지기 때문에 절세를 위해서는 잔금을 6월 1일 이후로 정하는 것이 유리하다. 또 예산을 세울 때 집값만 계산하기보다 취득세(1주택자인 경우 1~3%)와 중개보수(0.6~0.9%), 이사 비용까지 고려해 여유분을 준비하는 것이 좋다. 부부가 생애 최초로 집을 매수하거나 자녀 출산 1년 전부터 출산 후 5년 이내에 주택을 구입하는 경우, 금액이나 면적 조건 등이 충족되면 취득세 감면을 받을 수 있다. 감면 조건에 해당된다면 관할 지자체에 방문하거나 위택스(www.wetax.go.kr)를 통해 신청해보자.

계약서 작성 시 '특약'에서 주의할 부분은 세입자 퇴거 항목이다. 실거주를 위해 매수했는데 기존에 살던 세입자가 나가지 않겠다고 버티면 곤란한 상황에 처할 수 있다. 세입자가 퇴거에 동의하지 않았다면 특약에 써 있다 해도 효력이 없다. 그러니 되도록 세입자의 확인서나 동의서를 확실히 받도록 한다. 또 대부분의 계약서에 '현 시설 상태에서 매매'로 되어 있지만 사자마자 숨겨진 누수, 균열 등을 발견할 경우를 대비해 특약으로 중대한 하자일 경우 일정 기간 보상해주는 내용을 기재하는 것이 좋다.

실거주자의
상급지 갈아타기 필승 노하우

부동산 투자를 위해 전국을 돌아다니다 보면 정말 다양한 사람들을 만나게 된다. 재밌는 건 전국을 다니며 투자하고 강의하며 책을 내는 사람보다 미디어에 얼굴을 노출시키지 않는 일명 '이웃집 고수'들이 사실은 진정한 알짜배기였다는 사실이다. 내가 이웃집 고수분들을 만나며 이야기를 들어본 결과, 그들은 하나같이 다음과 같은 비슷한 루트를 거쳐 지금에 이르게 되었다.

자산이 불어나는 실전 테크트리: 단기 수익에 목매지 말고 멀리 바라보라

30~40대 때 부동산 상승기를 한 번 겪은 세대는 바닥부터 시작해 1억~30억 원의 자산을, 상승기를 두 번 겪은 50대 이상의 세대는 3억~50억 원의 자산을 만든 분들이 많았다. 먼저 상승기를 한 번 겪은 세대를 살펴보면 그들은 보통 다음과 같은 루트를 밟았다.

결혼하면서 작은 집에서 월세부터 시작

월세살이가 힘들어 돈을 조금 모아 전세로,
또 조금 더 모아 작고 낡은 내 집 마련

살다 보니 상승장을 겪게 됨.
내 집 가격이 오르는 것 같아 부동산에 눈을 뜸

불안한 마음에 다음에 이사 갈 집을 분양권
혹은 전세를 끼고 구입하는 방식으로 매매

2~3년 지나 사둔 집에 입주할 시기가 되었을 때
살던 집과 사둔 집이 모두 두세 배 상승

> 무리 없이 사둔 집에 입주하거나 둘을 합쳐 똘똘한 한 채로 갈아탐,
> 하락기가 와도 무리한 대출이 없고
> 살기 좋은 곳으로 왔으니 고민 없이 거주

 이처럼 상승기를 한 번 겪은 세대들은 보통 집이 한두 채에서 끝나는 경우가 많지만 상승기를 두 번 겪은 더 윗 세대인 50대 이상들은 여기서 한 걸음 더 나아갔다. 그들이 자산을 형성하게 된 루트는 다음과 같았다.

> 결혼하면서 작은 집에서 월세부터 시작

> 월세살이가 힘들어 돈을 조금 모아 전세로,
> 그 뒤 조금 더 모아 작고 낡은 내 집 마련

> 살다 보니 상승장을 한 번 겪음,
> 내 집 가격이 세 배 정도 오르며 부동산에 눈을 뜸

> 비싸져서 못 샀던 대형 평수에 입지 좋은 재건축 아파트가
> 하락장이 오면서 급매로 나옴
> (시장 분위기가 안 좋아지고 공사비가 상승하자 재건축 진행이 느려져서 못 버티는 매물)

> 살고 있는 곳의 가격과 크게 차이가 없는 것을 보고
> 과감하게 대출을 더 받아 이사,
> 오랫동안 주택담보대출을 상환했던 터라
> 다시 대출을 받아도 부담이 없음

> 시간이 지나 다시 상승장이 와서 집값이 세 배 정도 오름,
> 상승 후반기로 갈수록 양극화가 커져
> 좋은 입지의 재건축 아파트가 인기를 얻음

> 살던 아파트가 재건축이 진행되면서
> 한 단계 낮은 평수를 신청해 오히려 돈을 돌려받음

> 돌려받은 돈으로 주식 매매 또는 상가 구입으로 현금흐름 세팅,
> 혹은 모두 매도해 꼬마빌딩 매입 후 저렴한 곳에 실거주

고수들의 경험을 들어보면 오히려 그들은 부동산 공부에 너무 많은 시간을 쏟지 않았다. 그보다는 내가 사는 곳과 앞으로 살고 싶은 곳에 대해 끊임없이 관심을 갖고 있다가 좋은 타이밍에 이사를 가는 게 비법이었다. 이처럼 내 집 마련 후 대출을 갚고 있다가 연봉 인상, 아이 학교 입학 등으로 '때'가 왔을 때 입지 좋은 곳, 내가 좋아하는 만큼 남들도 좋아할 요소가 많은 곳으로 실거주를 갈아타는 것이 알짜로 자산을 불리는 방법이다. 상승기에는 일시적 1가구 2주택을 유지하며 먼저 사고 나중에 팔기, 하락기에는 먼저 팔고 나중에 사기, 상승 시기와 지역을 알아챌

수 있게 경제에 대해 꾸준히 관심을 갖는 정도면 안전하게 내 집에 거주하면서도 자산을 불릴 수 있다.

만약 본업이 바빠 경제 공부하기가 어려운 상황이라면 30대에 결혼하면서 대출받아 내 집 마련, 향후 20년 동안 본업에서 나오는 수입으로 주택담보대출 전부 상환, 50대에 살던 집을 담보로 약간의 대출을 받아 전세를 끼고 집을 하나 더 산 뒤 이후에도 꾸준히 대출을 갚고 돈을 모아 전세를 월세로 전환해 물가상승률만큼의 시세차익과 노후 현금흐름을 확보하는 방법이 있다. 저렴한 주택을 사놓고 그 집에서 나오는 월세로 대출 원리금을 모두 상환할 때까지 '없는 셈 치고' 묻어놓는 사례도 있었다. 이처럼 부동산 투자로 성공한 사람들은 모두 조급하게 단기로 당장 수익을 보려고 하지 않고 장기로 멀리 보고 흔들림 없이 부동산 투자 원칙을 실행해왔다.

부동산은 시간을 먹고 자라기 때문에 아이의 미래를 준비하기에도 적합하다. 미성년 자녀에게 10년 동안 2,000만 원을 증여하면 세금이 붙지 않는다. 이를 이용해 2,000만 원을 증여한 후 매매가와 전세가 차이가 2,000만 원인 집을 매수해서 아이가 성인이 될 때까지 기다리면 평생의 반석이 되어줄 것이다.

똑똑하게 활용하는 1가구 2주택 전략

이사 갈 집을 미리 잡아놓는 '일시적 1가구 2주택' 전략은 집값이 오르는 순서를 알면 조금 더 효과를 볼 수 있다. 상승기는 보통 구축에서부터 그 움직임이 포착되는데, 전세가가 오르면서 매매가를 밀어올리기 때문이다. 이 시기에는 내 집 마련을 서두르거나 전세를 끼고 사두는 방법을 사용한다.

구축이 오름에 따라 공사비를 들여 새집을 지으면 더 비싸게 팔 수 있을 거라는 판단을 마친 건설사와 지역 주민의 합작으로 재건축이 진행된다. 큰 구역에서 먼저 진행되어 분양하는 새 아파트가 완판되면, 뒤이어 분양하는 아파트 역시 가격을 점점 올리게 되어 있다. 따라서 규모가 큰 구역에서 초반에 분양하는 아파트의 분양권이 조금 비싸다는 생각이 들어도 자금이 충분하다면 일단 매매를 하는 편이 좋다. 당장은 조금 비싸 보여도 일단 사두면 뒤이어 분양하는 단지들이 가격을 받쳐주어 안전하다.

그다음 순서는 구축도 이미 너무 올랐고 분양은 경쟁이 치열해져서 당첨이 안 되지만 새 아파트가 갖고 싶은 사람들이 몰리는 재건축, 그리고 재건축도 너무 올라 소액으로 살 수 있는 재개발 부동산이 오른다. 그렇기 때문에 분양이 과열되는 시기가 됐다면 재개발·재건축 가능성을 염두에 두고 낡은 집을 주고 새집을 받을 수 있는 권리인 입주권을 알아보는 것이 좋다. 무주택자일 경우 '멸실 전 주택'(아직 철거되기 전 상태의 주택)을 구입하면 1.1~3.5%의 취득세를 낸다. 멸실해서 토지 상태가 되면 토지의 취득세인 4.6%를 납부하게 되므로 주의해야 한다. 입주권을 사고 나면 실거주는 '대체 주택'을 마련해 해결할 수 있다.

정비 사업 진행 절차 중 사업 시행인가 단계 이후인 주택을 매입하여 입주할 권리를 갖고, 공사가 진행되는 동안 실거주할 집을 추가로 사게 되면 이것이 '대체 주택'으로 인정받아 이후 집을 팔 때 양도소득세 비과세 특례를 적용받는다. 대체 주택 취득 당시 재개발·재건축 물건만 갖고 있는 1주택자이고, 대체 주택에 세대원 전원이 1년 이상 거주해야 하며, 새 집이 완성된 날로부터 3년 이내에 대체 주택을 파는 요건을 갖추어야 한다. 이럴 경우, 살고 있는 대체 주택과 들어갈 집인 새 아파트 입주권이 동시에 오르며 시세차익을 볼 수 있다.

따박따박 매달 현금 받는
월세 소득 실현법

차곡차곡 예·적금으로 종잣돈을 모으고, 주식으로 자산을 불려 집을 사고 나면, 다음은 매달 꼬박꼬박 월세를 받았으면 좋겠다는 마음이 생긴다. 무심코 지나가던 집 앞 슈퍼도 건물이 얼마인지, 월세는 얼마나 받는지 궁금해지고, 길에 늘어선 수많은 가게들을 보면 나도 언젠가 하나 차리겠다는 의지를 불태우게 된다. 바로 그때 가장 먼저 시도할 수 있는 방식이 주택으로 월세를 받는 것이다.

주택으로 월세 받기:
월 수익률과 시세차익의 균형 맞추기

아파트, 다세대, 다가구, 오피스텔 등의 주택은 우리가 실제로 접하고 살아본 적이 있으며 비교적 대출이 안정적으로 실행되기 때문에 월세를 받기 쉽다는 장점이 있다. 또 임대사업자로 등록하면 취득세, 재산세, 종합부동산세, 소득세 등의 감면 혜택을 받을 수 있고 거주 주택 양도소득세도 비과세 적용을 받는다. 단점으로는 계약 갱신 시 임대차 보호법에 따라 5% 이상 인상할 수 없고, 중도 해지 시 기존에 받았던 세제감면 혜택을 추징당할 수 있다는 점이다.

주택으로 월세를 받고자 할 때, 수익률을 높이기 위해 매매가는 저렴하지만 월세는 다소 높은 부동산을 사게 되는 경우가 종종 있다. 하지만 그런 곳일수록 물가상승률 대비 시세 상승이 적어서 앞으로는 버는 것 같아도 뒤로는 잃는 일이 발생하기 쉽다.

한 오피스텔 밀집 지역은 15년 전 매매 가격과 현재 가격이 같은 곳도 있다. 이렇게 절대 가격 자체가 낮다 보니 과거에는 경매로 여러 채를 매입한 뒤 80%는 대출을 받고 20%는 세입자의 보증금으로 해결해 내 돈 한 푼 들이지 않고 오피스텔을 매매할 수 있었다. 월세를 받아서 대출이자를 내고 나면 월 5~10만 원이 남는데, 같은 방식으로 비슷한 물건을 20채만 세팅하면 월급만큼 벌 수 있다는 생각에 같이 투자하는 동료들이 많이 달려들었다. 하지만 시간이 지나자 낡아가는 부동산을 하나씩 수리하는 일이 생기기 시작했고, 한 번의 수리나 교체에 6개월~1년 치 수익이 사라지기도 했다. 어떤 부동산은 나중에 팔 때 시세가 떨어지면서, 그동안 매달 월세로 벌어들인 돈이 결국 집값 하락분을 메우는 데 사용된 셈이 되어 결과적으로 남는 이익이 없었다. 이런 상황이 발생할 리스크가 있으므로 월 수익률과 시세차익을 저울질하여 균형을 맞추는 것이 바람직하다.

수익형 부동산으로 월세 받기: 수익률과 매매가를 동시에 지켜내는 법

월세를 받는 가장 보편적인 방법은 상가나 꼬마빌딩 같은 수익형 부동산을 소유하는 것이다. 세입자가 들어올 때 영업에 필요한 인테리어를 스스로 하고, 인테리어 비용이 투입되거나 단골손님이 생기면 계약을 연장할 가능성이 높아 안정적이며 나갈 때 원상복구 하는 부분이 매력적인 종목이다.

수익형 부동산이라는 명칭답게 매매 시 가장 중요하게 봐야 할 부분은 역시 수익률이다. 간혹 길을 가다가 텅텅 빈 상가들을 보면서 의아함을 느낀 적이 있었을 것이다. 이렇게 공실로 둘 바에는 차라리 싸게 내놓지 왜 그냥 비워두고 있을까 하는 의문 말이다. 그 이유는 상가 또는 꼬마빌딩의 매매가가 수익률에서 역산해 정해지기에 작은 금액의 월세 차이가 매매가로 역산하면 몇억 원으로 벌어질 수도 있기 때문이다.

사람들이 수익형 부동산을 사는 이유는 현금흐름을 얻기 위해서다. 다시 말해 같은 돈을 그냥 은행에 넣어놨을 때보다 더 많은 수익을 얻으려는 목적이다. 세금, 수리비 등 들어가는 돈과 관리에 신경 써야 하는 시간을 고려하면 당연하다. 또 대부분 최대한의 대출을 받아 내가 넣어야 하는 돈을 줄여 수익률을 극대화하는데, 월세를 받아 이자를 내고 돈을 남기려면 월세가 최소 대출이자보다는 조금 더 나와줘야 한다. 그래서 시세차익을 노리고 월세는 버티는 용도로만 받는 일부 입지 좋은 곳의 꼬마빌딩을 제외하고는 적어도 예·적금 금리보다 2% 이상의 수익률을 올리기 원하는 사람들이 이 수익형 부동산의 수요자가 된다.

요약하자면 내 돈 얼마를 넣어 얼마의 월세를 받느냐가 사고파는 사람에게 중요하다. 따라서 대체로 수익형 부동산의 매매가는 수익률로 정해지고, 적정 수익률은 당시 금리 상황에 따라 변동이 생긴다. 그렇다면 어떻게 해야 좋은 수익률을 얻고 매매가를 지켜낼 수 있을까? 여기에는 크게 세 가지 방법, 즉 싸게 사는 것과 월세를 높게 맞추는 것 그리고 대출금리를 낮게 받는 방법이 있다.

대출금리는 은행이 결정하는 사안이므로 내가 할 수 있는 행동은 지방 곳곳의 다양한 은행을 알아보는 것 정도가 전부다. 그럼 남은 건 두 가지, 싸게 사는 것과 월세를 높게 맞추는 방법밖에 없다. 부동산을 싸게 사려면 이 매물이 싼지 비싼지 파악할 수 있을 정도의 발품과 싼 물건이 나오길 기다리는 시간이 필요하다. 월세를 높게 맞추기 위해서는 임차인이 원하는 리모델링을 하거나 3개월 치 이자를 공제해주는 방법이 있다. 하지만 궁극적으로는 '수요가 있는 곳'을 선별할 줄 알아야 한다. 내가 아는 두 사람의 투자 사례를 예시로 들어 설명해보겠다.

사례 1: 골목 상권에서 발견한 가치 상승 10배짜리 물건

A는 평범한 직장인이었을 때 한 지역의 상권을 자주 이용하면서 상가에 관심이 생겼다. 수도권 곳곳에 ○○ 골목, △△△길 등의 별명이 붙으며 갑자기 유행하는 장소가 생기곤 했는데, 그중 한 곳이었다. 계속 지켜보니 상권이 확장되는 걸 알 수 있었는데, 바로 옆인데도 중심가가 아니라는 이유로 가격 차이가 상당히 벌어져 있었다. A는 매일 퇴근해서 구석구석 가게들을 탐방하고 문 닫을 때까지 손님들의 숫자를 세어보다가 권리금이 없는 작고 낡은 가게들을 하나씩 모아나가기 시작했다. 그렇게 몇 년 뒤 상권 이동과 지가 상승으로 10배가 넘는 수익을 보았다.

사례 2: 아는 지역만 지켜봐도 기회가 온다

닉네임 '루블'은 잘 아는 지역에만 파고들어 성공한 투자자다. 그는 한 지역의 수요와 잘되는 업종을 잘 알고 있었던 덕에 급매가 나왔을 때 싼지 비싼지 빠르게 판단을 내려 건물을 매입할 수 있었다. 싸게 나온 상가를 계약한 후 감정평가를 다시 받아서 매입한 가격 이상으로 대출을 받아 투입 자금을 회수하는데, 아는 지역만 잘 지켜봐도 1년에 한두 개는 충분히 나온다고 한다.

두 사람은 입을 모아 무조건 내가 잘 아는 지역에서 시작해야 하고, 잘 아는 지역이 없다면 먼저 알아가는 공부부터 해야 한다고 말한다. 세상에 공짜는 없는 법이다. 알아보기는 귀찮고 쉽게 돈을 벌고 싶을 때 과대광고와 사탕발림하는 사람들이 그 틈을 파고들곤 한다. 특히 신도시 분양 상가의 경우, 앞으로 크게 개발될 거라며 고수익률을 보장한다는 말로 초보 투자자를 유혹한다. 하지만 내 돈의 안전은 아무도 보장해주지 않는다. 실제로 업체가 장담했던 호재가 실현되더라도 내가 그때까지 버틸 수 있을지는 미지수다.

반대로 하나를 사면 죽을 때까지 월세를 받아야 한다는 생각에 지나치게 신중해져서 아예 시작도 못하는 경우도 있다. 하지만 실제로 운영을 해보면 점점 시야가 트여 초반은 몇 번의 매도와 매수를 경험하게 된다. 사람이 많이 지나다니는 곳보다 조금 덜 번화하더라도 '항아리 상권'처럼 여기밖에 돈 쓸 곳이 없어서 더 낫구나, 라든가 비싼 1층보다 급매로 나왔던 다른 층이 지나고 보면 수익률이 더 좋구나 등을 깨닫는 것이다. 첫사랑과는 이어지지 않고 결국 결혼은 다른 사람과 하는 것과 비슷한 느낌이랄까.

이제부터 집 앞, 회사 앞 건물을 지나갈 때마다 그곳에 어떤 업종이 많은지, 손님은 얼마나 들고 나는지, 그곳에서 사람들이 얼마나 돈을 쓰는지 유심히 지켜보자. 평범한 직장인이어도, 미디어에 나오는 전문가처럼 엄청난 전문 지식이 없어도 수요가 있는 곳을 알아채는 눈과 부지런한 손과 발 그리고 약간의 인내심만 가진다면 누구나 건물주가 될 수 있다.

부동산 투자,
아는 것만 잘해도 충분하다

몇 년 전, 부동산 급락기에 기승을 부렸던 분양 사기가 또 한 번 세상을 시끄럽게 만들었던 적이 있다. 김포에서 발생한 이 오피스텔 분양 사기는 시행사가 2019년 해당 오피스텔을 분양하면서 10% 이상의 수익률과 주변 인프라 개발, 임대수익 보장 등을 내세우면서 시작됐다. 이들은 인근의 GTX 개발 호재와 지식산업센터 개발 등을 광고하며 시세차익 및 10%의 수익률을 보장했고 준공 후 최대 2년간 임대료 지급, 계약금 5% 혜택 제공 또한 약속했다. 하지만 분양이 시작된 2022년이 되자 부동산 경기가 꺾이면서 분양권은 마이너스 프리미엄이 붙었고 시행사는 공실이 너무 많이 발생하자 보장했던 임대료 지급액을 조정했다. 분양

시 광고했던 지식산업센터 개발도 전혀 지켜지지 않았다. 이에 입주자들은 시행사를 허위 과장 광고, 사기 등으로 고소하기로 했다.

오늘날 수익형 부동산의 종류가 다양해지고 사람들의 관심이 높아짐에 따라 이와 관련한 여러 다른 문제들이 계속해서 발생하고 있다. 앞서 이야기했듯 투자는 무조건 내가 잘 아는 지역에서 시작해야 하고, 잘 아는 지역이 없다면 먼저 알아가는 공부가 필요하다. 그럼에도 '개발 호재'와 '고수익 보장'이라는 달콤한 유혹은 우리를 올바른 '투자'가 아닌 손쉬운 '투기'로 자주 끌어들이곤 한다.

잘 모르는 곳엔 절대 투자하지 말라

보통 사람들이 월급을 대체할 현금흐름 수단으로 가장 선호하는 자산은 부동산이다. 눈에 보이는 큰 건물이 주는 든든함 때문에 안정적일 것이라는 착각이 들기 때문이다. '여차하면 내가 들어가서 뭐라도 하면 되지' 같은 안이한 생각도 들게 한다. 그래서 자주 언급되는 종류가 자본금이 적다면 오피스텔, 지식산업센터 등이고 어느 정도 자본금을 갖췄을 때는 상가나 꼬마빌딩이다.

문제는 수익형 부동산의 경우 주거 안정과 직결된 아파트보다 상대적으로 규제가 약하다는 점이다. 수익형 부동산은 작은 땅이라도 있으면 빠르게 건축하여 팔 수 있고, 일단 판 다음에는 부도를 내고 사라지면 책임을 묻기 어렵다. 이를 이용한 다양한 사건들이 벌어지는데, 고수익을 보장해 사람을 모은 뒤 분양해놓고, 부도 및 법인 청산 처리를 해버리는 것이다. 이는 오래전부터 오피스텔과 상가에서 흔히 반복되고 있는 사기 수법이다.

2016년에는 광주에서 오피스텔을 중복 분양한 시행사 대표와 브로커 역할을 한 경매학원 강사가 징역형을 선고받았다. 오피스텔 신축 과정에서 자금이 부족해 공사가 중단되자 2012년부터 경매 강사가 시행사 대표에게 건당 300만 원의 수수료를 몰래 받고, 이미 분양된 물건을 미분양한 회사 보유분이라 기존 분양가보다 30~40% 싸게 분양한다고 속여 수강생들을 대상으로 100여 건의 계약을 알선한 것이다. 또 상가와 오피스텔은 시행사, 시공사, 신탁사가 복잡하게 얽혀 있다는 점을 이용해 잘 모르는 초보자에게 다른 통장으로 입금하게 하고 횡령 후 도주한 사건도 있었다.

지식산업센터에서도 이와 비슷한 일이 일어난다. 앞에서는 비싼 강의료를 받고 뒤에서는 분양 업자에게 몇백만 원의 건당 수수료를 받아 분양을 유도하는 강사들이 2020~2022년 이 지식산업센터 분야에서 성행했다. 여기에 일명 '초치기(분양 희망자들이 통장에 입금하는 순서에 따라 분양에 당첨되는데 초 단위로 당락이 갈린다고 해서 붙여진 명칭)'를 하는 수강생들이 불나방처럼 달려들었다. 강의를 들어보면, 건물 사서 월세도 받고 원할 때 올려서 매도하면 시세차익도 많이 난다, 옆 아파트가 몇 억인데 수도권에서 이 정도 땅을 소유할 수 있으면서 반값이면 얼마나 싸냐는 논리다.

하지만 1인 소유의 꼬마빌딩이 아니고서야 마음대로 개발할 수 없는 수익형 부동산을 토지로 계산한다는 건 농담에 가깝거니와 수익률 7%인 물건을 시세차익을 얻을 수 있다며 값을 올려서 매도하면 매수자 입장에서는 4%, 2%로 수익률이 점점 내려가므로 나중엔 사줄 사람을 구하지 못하게 되어 폭탄 돌리기나 다름없다. 거기에 금리가 인상되어 대출이자를 월세 수익보다 많이 내게 되거나, 공실이 조금이라도 발생해 대출이자에 관리비까지 매수자가 떠안게 된다면 리스크는 더 커진다. 지식산업센터는 곧 일자리를 의미하므로 경제가 전반적으로 하락하는 시기에는 소규모 업체가 많이 사라질 수 있어 세입자를 구하기 힘들어진다. 실제로 몇백만 원의 강의를 들은 수강생이 장기간 공실에 매도도 되지 않아 힘들어하는 경우를 여럿 본 적 있다(물론 강사는 강의비로 그 마이너스를 메꾸고 있다). 또 지식산업센터 특성상 매수자는 무조건 사업자 등록을 해야 하고, 주거 시설로 이용할 수 없는데 이를 고지하지 않거나 주거 시설처럼 꾸며 오피스텔로 속여서 분양하는 경우도 있다.

이 외에 아파트는 너무 올랐기 때문에 틈새시장을 찾는다며 생활형 숙박 시설이나 호텔 분양권을 매수하거나, 강사를 따라 버스를 타고 지방 해안가를 돌며 1억 원 이하 아파트들을 샀던 사람들도 꽤 많았다. 2023~2024년에 내게 상담을 하러 온 사람들 대부분이 잘 알지도 못하는 지역의 분양권 또는 재개발·재건축 아파트를 샀다가 2~3억 원의 손해를 보고 있는 30~40대였다. 재테크 카페나 부동산 유튜버 등에게 비싼 강의비를 지불하고 얻은 정보이거나 소위 '찍어준 지역'이라 제대로 알지도 못하면서 덜컥 계약부터 했던 것인데, 수익은 고사하고 팔리지도 않아서 해결 방법을 물으러 많이 찾아오곤 했다.

이런 게 사기인가 하면, 사실 그렇지도 않다. 냉정하게 보자면 수익률, 호재, 각종 위험성 등에 대한 정보는 매수자가 미리 알아보고 체크했어야 한다. 하지만 잘 모르는 종목이나 지역에 대한 수요와 미래가치를 전문 지식이 없는 일반인들이 예측한다는 것은 불가능에 가깝다.

내가 하면 투자, 남이 하면 투기?

제대로 된 공부도 하지 않고 그저 누군가의 말에 이끌려 '돈 놓고 돈 먹기'식 투기를 시작하면 처음에는 사람들을 따라 우르르 다니면서 잠깐 돈을 벌 수도 있다. 하지만 매수는 다 같이 해도 매도의 때는 아무도 알려주지 않는 법이라, 깜깜한 방에서 나갈 문의 손잡이를 찾지 못하는 상태가 되고 만다. 운이 좋게 오를 때 잘 팔았다 해도 노력 한 번 하지 않고 큰돈이 들어오는 경험을 하고 나면, 다른 일은 시시해져서 눈에 들어오지 않는다. 그러다 또 '한 방에 돈 벌 곳 없나' 기웃거리다가 남은 돈마저 다 털린 후에야 정신을 차리기 십상이다. 나는 남들과 다르게 노력하며 '투자'하고 있다는 착각에 빠진 것이다. 본인이 하고 있는 게 사실상 '투기'인 줄도 모르고 말이다.

부동산 투자는 좋은 타이밍에 내 자금에 맞는 실거주 집 마련, 다음 이사 갈 집을 미리 정하고 집을 사둔 뒤 계획에 맞춰 열심히 갚아나가는 정도만 실천해도 충분하다. 지식이 부족하다 느끼면 아는 것을 먼저 늘려나가면 그만이다. 부동산 투자는 지금 기회를 놓친다고 해서 다시는 기회를 잡을 수 없는 그런 투자가 아니다. 상승과 하락을 반복하는 사이클은 살면서 몇 번이고 다시 만날 수 있다. 그러니 너무 조급해하지 말고 시장을 관심 있게 지켜보며 공부를 계속해보자. 그러다 보면 적어도 한 번의 기회는 오기 마련이다. 그리고 그 과정에서 내 욕심에 발이 걸려 넘어지는 일이 없도록 마음을 다잡는 것이 가장 중요하다.

흔들리지 않는 나만의 기준을 세우고 꾸준히 공부하며 시장을 바라보는 눈을 키우자. 올바른 투자는 단기적인 이익보다 장기적인 안목과 철저한 준비에서 비롯된다. 결국 객관적인 데이터를 기반으로 한 지식과 흔들리지 않는 마음이 나의 자산을 지켜주는 가장 강력한 무기임을 잊어선 안 될 것이다.

제4장

[노후준비]
평생 월급을 만드는 연금 & 보험 세팅 전략

가계부를 쓰면서 종잣돈을 모으고 주식과 부동산으로 자산을 불렸다면
이젠 보험과 연금으로 당신의 미래를 지켜야 한다.
자산을 쌓고 불리는 것만큼이나 중요한 건
그 자산을 어떻게 꺼내 쓰며 살아갈지를 계획하는 일이다.
더 이상 일을 하지 않는 은퇴 후에도 연금이라는 '평생 급여'를 받으려면
꾸준한 현금흐름을 만들어줄 수 있는 연금 전략이 필수다.
특히 장수 리스크가 커지는 시대에는
오래 살아남을수록 연금의 가치가 커진다.
국민연금으로 기초를 다지고, 퇴직연금과 개인연금,
주택연금으로 든든한 성벽을 쌓자.
수익률과 안정성, 절세를 고려한 현명한 연금 전략은
은퇴 후 더 풍요로워지는 삶으로 당신을 이끌 것이다.

모으고 불렸다면
이젠 '지켜야' 할 때

몇 년 전, 한 젊은 재테크 유튜버가 보험은 보험회사나 설계사가 돈을 벌기 위해 판매하는 것이지 부자들은 보험에 가입하지 않더라며, 차라리 그 돈으로 투자해서 돈을 더 불리라고 말하는 내용의 영상을 보았다. 병원에 갈 일도 별로 없는데 보험에 납부할 돈을 모아서 병원비를 미리 저축해놓으면 그게 곧 셀프 보험사가 된다는 결론이었다. 영상 아래에는 이에 호응하는 댓글이 상당했고 실제로 같은 말을 하는 사람을 만난 적도 있다.

하지만 이는 목적에 맞는 금융상품에 대한 잘못된 이해에서 비롯된 편견이다. 금융상품은 돈을 모으는 목적, 돈을 불리는 목적, 돈을 지키는 목적에 따라 적합한 상품이 각각 존재한다. 그중 보험은 돈을 지키기 위해 필요한 대표적인 금융상품이다. 보험 설계사의 37.4%가 강남 3구에 집중되어 있는 현상은 지킬 게 많아질수록 보험을 더 찾게 된다는 사실을 잘 보여준다(출처: '상속·절세 수단으로… 서민층 떠난 종신보험, 강남3구선 수요 꾸준', 서울경제, 2024.10.24).

보험은 수해를 막아주는 방어막과 같다. 평소 아무 일이 없었더라도, 단 하루 비가 많이 내리는 날에 미리 대비가 되어 있지 않으면 모든 재산이 쓸려내려가 버린다. 마찬가지로 평소 건강했더라도 예상치 못한 병에 걸리거나 사고가 생기면 치료비가 필요해지는 것은 물론이고, 치료 기간 동안 수입이 없어지면서 그동안 모으고 불려놨던 재산을 한순간에 날릴 수 있다.

행동경제학에서는 살면서 나에게 그런 일이 생길 리 없다고 생각하는 것이 '과도한 낙관주의'(또는 낙관 편향)이며, 만일의 경우가 생겨도 내가 모든 문제를 해결할 수 있다고 믿는 경향을 '과잉 확신' 혹은 '과잉 통제감'이라고 이야기한다. 우리는 자산 관리에 있어서도 이 같은 과도한 낙관주의와 과잉 통제감에서 벗어나 그동안 모으고 불린 나의 돈을 똑똑하게 지켜낼 수 있어야 한다.

생명보험 제대로 알기: 경제적 타격을 줄여주는 최우선 방어막

그럼 효과적으로 내 재산과 가족을 지키는 방어막을 형성하려면 무엇부터 해야 할까? 내가 원하는 목적에 부합하는 알맞은 보험을 알아보는 것부터가 시작이다.

우리가 보통 보험에 가입하는 목적은 크게 두 가지다. 첫 번째는 사망이나 장애를 입었을 때 가족들에게 생길 경제적 충격을 완화해주기 위해서다. 이 목적에 맞는 상품은 생명보험이다. 평생을 보장하면 종신보험, 10년, 20년 등 일정 기간을 보장하고 대신 보험료가 저렴하면 정기보험으로 분류한다. 생명보험은 세대원 전원이 가입하기보다 가장이 가입하는 경우가 많다. 자녀가 아직 어린데 가장이 사망하면 남은 배우자 혼자 아이를 키우며 들어갈 돈이 많아지기 마련이다. 그럴 때를 대비하여 주 계약은 최소 금액으로 하고 특약을 쌓아 기간과 금액을 조절할 수 있다. 우리 집은 아이가 10살이 되는 해에 특약이 하나 소멸되고 성인이 되고 나면 주 계약만 남도록 설계했다.

또 생명보험은 재산의 대부분이 집에 묶여 있는 경우 상속세를 마련하지 못해 집을 급하게 팔아야 하는 일을 방지해준다. 상속세는 사망 후 6개월 이내에 납부해야 하는데, 집을 팔아서 세금을 내고 싶어도 부동산은 환금성이 떨어지기도 하고 남은 가족이 계속 집에서 생활해야 하는 문제도 있다. 이를 대비해 사전에 보험 계약자를 자녀로, 피보험자를 가장으로, 수익자를 자녀로 가입하여 자녀가 보험료를 납부하는 형태가 되면 사망보험금은 자녀의 재산으로 보아 상속세가 부과되지 않는다. 이걸 활용하면 가장의 사망 시 사망보험금을 받아 집의 상속세를 해결할 수 있다.

만약 가장이 법인을 운영하고 있다면 상속세와 법인세를 동시에 절감할 수도 있다. 법인을 보험 계약자로, 대표이사를 피보험자로, 수익자를 법인으로 하면 법인이 납부하는 보험료는 경비로 처리할 수 있으므로 법인세가 절감된다. 사망보험금은 법인이 받고, 그 법인의 주식을 가족이 승계하면 공제율이 높아 상속세를 줄일 수 있다.

손해보험 제대로 알기: 손실 보상 시 자산을 지키는 파수꾼

보험에 가입하는 두 번째 목적은 병이나 사고 등으로 치료비가 필요하거나 손해를 보상해야 하는 경우, 기존에 모아놓은 내 자산을 온전히 지키기 위해서다. 이 목적에 맞는 상품은 손해보험이다. 손해보험은 실제 일어난 금전적 손실을 보전하는 금융상품으로 자동차보험, 화재보험, 실손보험 등이 여기에 해당한다. 메리츠화재, 현대해상화재, DB손해보험처럼 보험사 이름에 '화재' 또는 '손해'가 포함되어 있으면 손해보험을 취급하는 곳이다.

그중 입원비, 치료비, 수술비 등을 청구하여 받을 수 있는 보험은 실손보험이다. 실손보험에 가입할 때 가장 유의해야 할 점은 대부분의 실손보험에서 취급하는 주요 항목이 '갱신형'이라는 점이다. 즉 처음 가입한 금액을 만기까지 동일하게 납부하지 않고 일정 기간 후 보험료가 지속적으로 상승한다. 가입 초기에는 보험료가 저렴하지만 나이가 들수록 보험료가 상승하기 때문에 당장은 저렴하지만 갱신형이 많은 보험보다 비갱신형 항목이 많은 상품을 선택하는 것이 좋다. 대체로 물가상승률만큼 수입이 늘어나므로 갱신형으로 인해 보험료가 늘어도 부담이 크지는 않다. 하지만 만약 나이가 들어 수입이 줄어들 것이 우려된다면 젊을 때 보험료를 조금 더 많이 납부해 적립금을 쌓아놨다가 갱신으로 상승하는 보험료를 적립금에서 충당하는 상품도 있으니 설계사와 상담 시 문의해보자.

다음으로 유의해야 할 점은 보험을 아무리 중복 가입해도 보장은 하나밖에 받지 못한다는 점이다. 실제 병원비 범위 내에서만 지급되므로 보험이 여러 개라면 보장 내역을 확인해 일부를 해지하는 편이 좋다. 또 보장 범위가 적어 제대로 보장받지 못할 가능성이 있는지 여부도 체크해야 한다. 가장 흔한 경우가 심장과 뇌에 대한 보장이다. 심장은 급성심근경색만 보장할 경우 협심증이나 혈전증은 제외되므로 허혈성 심장질환처럼 보장 범위가 넓은 상품이 좋다. 뇌 또한 좁은 범위의 뇌출혈만 보장하기보다 뇌경색이 포함되어 있는 뇌졸중, 가장 넓게는 뇌혈관 질환까지 보장되는지를 유의 깊게 살펴보기를 권한다.

납부하는 보험료는 앞서 언급한 대로 모으고 불리는 돈이 아닌 '나의 다른 재산을 지키는' 비용이다. 따라서 환급을 받을 수 있다는 말에 보험료를 과잉납부하면 그 돈으로 적금이나 투자를 했을 때 얻을 수 있는 수익을 포기하는 것과 같으므로 바람직하지 않다. 보험은 수입의 5~7% 정도의 금액으로 무리 없이 장기로 유지하는 편이 제일 좋다.

간혹 부모가 아이의 100세까지 보장해주고 싶은 마음에 보험료를 더 많이 납부하는 경우가 있다. 하지만 아이가 30년, 100년 뒤에 받게 되는 보험금의 가치를 현재의 가치로 똑같이 생각해선 안 된다. 당장 30년 전 물가와 지금 물가를 비교해보면 이해하기 쉽다. 아이가 나중에 받게 될 보험금의 가치는 크지 않을 것이 분명하다. 따라서 적은 금액으로 아이가 경제 활동을 할 나이가 될 때까지만 보장해주고, 이후는 스스로 가입하여 납부하도록 하는 방식을 추천한다. 덜 내는 금액만큼 투자로 자산을 불려준다면 그것이 아이에게 더 큰 도움이 될 것이다.

오늘부터 준비하는 노후,
연금저축펀드와 ISA

과거 인터넷에서 '기승전 치킨집'이라는 말이 밈으로 떠돈 적 있다. 그도 그럴 게 많은 직장인들에게 퇴직 후 주어지는 선택지라는 것이 퇴직금을 받아 가게를 차리는 자영업밖에 없었기 때문이다. 선택이라기보다 '내몰렸다'라는 말이 어쩌면 더 정확한 표현일 것이다. 하지만 요즘은 어떤가? 창업 자금도 만만치 않게 들뿐더러 우리나라의 높은 자영업 비중, 쿠팡과 같은 온라인 플랫폼의 대세화로 퇴직 후 경험 없는 자영업 창업은 성공 가능성이 더 낮아졌다. 창업 후 1~2년 안에 소위 '승부'를 보지 못하면 이미 가게 권리금, 시설비 등으로 투자금을 회수할 수가 없다. 열심히 일하고도 돈을 까먹는 억울한 일이 생길 수도 있는 것이다.

창업에 소요되는 초기자금이 최소 2억 원이라 가정해보자. 그 정도 금액이면 창업하지 않고 생활비로 월 300만 원씩만 써도 5년, 월 200만 원씩 쓰면 8년이 넘는 기간을 버틸 수 있다. 만약 저 돈을 정기예금에 넣는다면 매년 이자가 나오므로 버틸 수 있는 기간은 더욱 늘어난다. 이 돈을 생활비로 쓰면서 아르바이트를 하거나 눈높이를 낮춰 재취업한 뒤 국민연금 수령 시까지 버틴다면 퇴직 후 심각한 리스크 없이 생계를 유지할 수 있다.

따라서 우리는 생각을 전환할 필요가 있다. 준비 없이 은퇴하여 급하게 창업을 통해 생활비를 벌려고 하기보다, 젊을 때부터 미리 소액이라도 연금저축펀드, 연금저축보험과 같은 개인연금을 준비해 미래의 생활비를 대비해야 하는 것이다. 개인연금을 잘 활용하면 불입하는 동안에는 세액공제 혜택을 받을 수 있고, 은퇴 후에는 연금으로 꺼내 쓸 수 있는 든든한 은퇴 자금을 마련할 수 있다.

은퇴해도 꾸준한 현금흐름을 만드는 연금저축

연금과 관련해서 가장 자주 받는 질문이 "지금부터 매월 50만 원 정도 납입하면 나중에 퇴직하고 나서 월 얼마씩 나오나요?"이다. 이는 어디에 납입하느냐에 따라 달라질 수 있다. 흔히 떠올리는 연금에는 연금저축보험과 연금저축펀드가 있다. 두 상품 모두 연간 600만 원의 세액공제를 받을 수 있어 절세 효과를 누릴 수 있다는 공통점이 있다. 그중 연금저축보험은 가입자가 정기적으로 납입하면 보험사가 공시이율에 맞춰 운용한다. 원금이 보장되고 안정적인 수익이 가능한 만큼 수익률은 다소 낮아 안전한 노후 준비를 원하는 나이대에 적합하다.

반면 연금저축펀드는 증권사에 연금계좌 개설 후 ETF, 펀드 등에 투자되는 상품으로 수익률에 따라 향후 받게 될 연금액이 달라진다. 납입이 자유롭고 시장 상황에 따라 높은 수익률을 얻을 수 있지만 원금 손실의 가능성이 있어 장기적으로 투자가 가능한 젊은 나이대에 적합하다.

만약 당신이 20~30대고 앞서 주식을 공부했다면 일단 연금저축펀드로 시작하기를 추천한다. 이 연금저축펀드를 제2장에서 설명한 국내 상장 미국주식 지수 ETF(S&P500, 나스닥100) 위주로 운용한다면 개별 종목 투자에 따른 리스크를 피하면서도 수익성 또한 충족할 수 있다.

최근에는 이러한 연금저축펀드의 장점이 많이 알려져서 연금저축보험에서 연금저축펀드로 갈아타는 사람들이 늘고 있다. 2024년 연금저축보험의 적립금은 71조 6,600억 원으로, 전년도의 72조 2,482억 원보다 5,882억 원 줄어든 반면, 연금저축펀드의 적립금은 17조 8,112억 원으로 2023년 16조 1,365억 원 대비 1조 6,747억 원이 늘어난 것만 봐도 잘 알 수 있다(출처: 조선비즈, "연금저축보험 적립금 5,800억 감소…", 2025. 02. 20).

그렇다면 연금저축펀드의 예상 수익률은 얼마나 될까? 미국 지수추종 ETF인 SPY의 과거 10년(2016년 1월~2025년 1월) 연평균 수익률이

14.59%, QQQ의 과거 10년(2016년 1월~2025년 1월) 연평균 수익률이 19.39%임을 감안할 때 은퇴 자금의 기대 수익률 8~10%는 실현 가능한 것으로 추정된다.

보통 연금계좌(연금저축펀드, IRP)에서 연평균 7~8%의 수익을 내는 자산 배분 포트폴리오로 '6040 포트폴리오(주식 60%, 채권 40%)', '올웨더 포트폴리오(주식 35%, 채권 50%, 금 15%)', '영구 포트폴리오(주식 25%, 채권 25%, 금 25%, 현금 25%)'를 많이 추천한다. 특히 2022년처럼 인플레이션 환경에서는 주식과 채권이 동반 하락하는 경향을 보인다. 따라서 내 집 마련 등 중단기 목적자금을 개인종합자산관리계좌, 즉 ISA를 통해 투자한다면 경제 상황에 상대적으로 영향을 적게 받으면서 심플하고 변동성도 적은 영구 포트폴리오로 운용하는 것이 좋다.

다만 은퇴 자금 마련을 위한 연금 투자는 빨리 시작하고 장기적인 투자를 통해 최대한의 복리 효과를 누리는 것이 목적이므로 앞에서 말한 자산 배분 포트폴리오보다는 심플하게 미국 지수추종 ETF를 적립식으로 모아가기를 더 추천한다. 과거 지수 데이터에 따르면, 적립식으로 장기간 투자했을 때 연평균 10% 이상의 수익을 낼 수 있기 때문이다. 물론 변동성은 자산 배분 포트폴리오보다는 높지만, 주식시장이 하락할 때 저가로 꾸준히 매수하여 장기간 투자한다면 이러한 변동성은 충분히 희석될 수 있다.

기대 수익률에 따른 은퇴 자금 시나리오

만약 30세부터 55세까지 25년간 연금저축펀드와 IRP에 매년 최대 세액공제 한도인 연 900만 원(월 75만 원)씩 납입하여 국내에 상장된 미국 지수추종 ETF를 꾸준하게 매수, 연평균 8~10%의 수익률로 투자한다면 55세 은퇴 시 두 계좌에 마련된 총 은퇴 자금은 얼마나 모이고, 매달 쓸 수 있는 생활비는 얼마나 될까?

아래 표에서 55세 이후 매달 인출해 쓸 수 있는 은퇴 생활비는 안정적인 은퇴 자금 인출 전략으로 유명한 '4% 룰'을 이용하여 산출한 결과다. 이것은 미국의 재무설계 전문가인 윌리엄 벤젠 William Bengen 이 1994년 발표한 법칙으로, 과거 50년간의 주식 및 채권수익률과 인플레이션을 반영했을 때 매년 은퇴 자산의 4%를 인출하면 33년 이내에 은퇴 자금이 소진되는 일이 없다는 이론이다. 세계적으로 안전한 인출률로 인식되어

▶ 기대 수익률에 따른 은퇴 시 연금저축펀드 및 IRP 최종 잔고

기대 수익률	55세 은퇴 시 마련된 은퇴 자금	4% 룰(인출률) 적용 시 55세 이후 1년 생활비
8%	약 6억 5,800만 원	약 2,630만 원(1개월 약 220만 원)
9%	약 7억 6,200만 원	약 3,050만 원(1개월 약 254만 원)
10%	약 8억 8,500만 원	약 3,540만 원(1개월 약 295만 원)

보편적으로 사용되고 있는 방법이다.

이렇게 매년 8%의 수익을 얻고 연 4%씩 인출해서 쓴다고 가정하면 월 220만 원이라는 꽤 큰 금액의 생활비를 마련할 수 있다. 젊은 시절의 '75만 원' 스노볼이 잘 굴러가 꼭 필요한 시기에 의미 있는 금액으로 되돌아오는 것이다. 이처럼 투자에는 '시간'이 중요하다.

아래 표는 동일하게 매년 최대 세액공제 한도인 900만 원씩을 수익률 8%로 가정해 투자했을 때, 투자 기간에 따라 마련되는 은퇴 자금의 차이를 나타낸 표다. 투자를 빨리 시작해서 투자 기간이 길수록 은퇴 시 연금저축펀드 및 IRP 계좌의 최종 잔고에 차이가 많이 나는 것을 볼 수 있다. 따라서 은퇴 자금을 마련하기 위한 가장 좋은 방법은 하루라도 빨리 연

▶ 투자 기간에 따른 은퇴 시 연금저축펀드·IRP 최종 잔고

연금저축펀드 시작 나이 (투자 기간)	60세 은퇴 시 마련된 은퇴 자금	4% 룰 적용 시 60세 이후 1년 생활비
30세(30년)	약 10억 2,000만 원	약 4,080만 원(1개월 약 340만 원)
35세(25년)	약 6억 5,800만 원	약 2,630만 원(1개월 약 220만 원)
40세(20년)	약 4억 1,200만 원	약 1,650만 원(1개월 약 137만 원)
45세(15년)	약 2억 4,400만 원	약 980만 원(1개월 약 81만 원)
50세(10년)	약 1억 3,000만 원	약 520만 원(1개월 약 43만 원)

금저축펀드 투자를 시작하는 것이다.

연금저축펀드는 55세 이후에 연금으로 받을 목적으로 운용하는 상품이므로 중간에 매도를 염두에 두어선 안 된다. 납입하다 보면 수익이 났을 때 매도해 수익을 확정시키고 싶은 유혹에 시달리기도 하고 매도 후 저점에서 다시 매수하면 될 것 같다는 생각이 들기도 한다. 하지만 앞서 살펴봤듯이 '마켓 타이밍'을 정확히 맞춘다는 것은 전문가에게도 쉽지 않은 일이다. 따라서 은퇴할 때까지 기계적으로 월 1회 월급날 또는 매년 1회 오직 '매수만' 하기를 추천한다.

소득 없는 전업주부도 시작하자

사람들이 두 번째로 많이 묻는 질문은 "전업주부도 연금저축펀드계좌를 만들 필요가 있을까요?"다. 소득이 있어야 만들 수 있는 IRP와 달리 연금저축펀드는 소득이 없는 전업주부도 만들 수 있기에 더욱 추천한다. 경제활동을 하지 않더라도 은퇴 준비는 누구에게나 필요한 법이기 때문이다.

전업주부는 월급을 받지 않으므로 직장인과 달리 불입 시 세액공제 혜택을 받지 않는다. 대신 중도인출 시 납입한 원금을 페널티 없이 찾을 수 있다. 부부가 각자의 연금저축펀드에서 별도로 인출을 하면 추후 세제 혜택이 바뀔 때를 대비한 소득 분산 효과도 누릴 수 있으므로 부부가 함께 만드는 것이 여러모로 이익이다.

전업주부가 연금저축펀드를 개설할 때의 가장 큰 장점은 내 명의의 노후 대비용 계좌가 따로 있다는 심리적 안정감을 선사해준다는 점이다. 내 경험에 따르면, 주부가 자기 이름으로 된 계좌가 따로 있을 때 돈 관리에 대한 동기부여가 더 높았다. 단순한 가계 관리가 아닌, '나의 미래를 위한 투자'라는 인식이 생기면서 돈 관리를 주체적으로 할 수 있게 되기 때문이다. 나의 경우만 해도 내 명의의 연금저축펀드에 한 푼이라도 더 넣고 싶어서 생활비도 알아서 절약하게 되었고, 별도로 발생하는 공모주 투자, 주식 투자 수익금도 모두 지출에 쓰기보다 연금저축펀드에 넣게 되었다. 이렇게 생활비 중 일부를 나만의 연금계좌에 옮기는 습관만으로도 미래에 대한 불안을 크게 줄일 수 있다.

만능 계좌 ISA로 중단기 목돈 만들기

위에서 설명한 연금저축펀드는 중도에 인출하지 않고 장기간 적립해야 그동안 받은 세금 혜택들을 토해내지 않기 때문에 소액이라도 꾸준히 납입하여 투자하기를 추천한다. 만약 단기 또는 중기로 각종 세금 혜택을 얻으며 목돈을 만드는 것을 목표로 한다면 ISA를 활용하는 것이 좋다.

ISA는 예·적금(신탁형), 펀드, ETF, 국내 개별 주식(중개형) 등 다양한 금융상품을 한 계좌에서 운용할 수 있는 만능 계좌다. ISA는 연금저축펀

▶ **ISA 가입 정보 및 혜택**

가입 자격	만 19세 이상 거주자 (단, 직전 3개년 금융소득 종합과세 대상자는 가입 불가)
납입 한도	연 2,000만 원, 5년간 최대 1억 원 (납입 한도 이월 가능)
의무 가입 기간	3년(의무 가입 기간 이후 만기 연장 가능)
중도인출	납입 원금 내 언제든지 출금 가능
혜택	1) 계좌 내 수익 200만 원(서민형 400만 원)까지 비과세 적용 2) 비과세 한도 초과 시 분리 과세(9.9%) 3) 계좌 내 손익 통산(수익, 손실 상계 처리로 과세 대상 금액 축소) 4) ISA 해지 시점까지 과세이연으로 재투자 효과 극대화

드, IRP와 비교할 때 일반 예·적금뿐만 아니라 레버리지, 인버스 ETF까지 투자 종목의 선택지가 훨씬 다양하다. 그 외에도 수익에 대해 일반형은 200만 원, 서민형은 400만 원 한도 내에서 비과세 혜택을 받을 수 있다는 장점이 있다. 또 비과세 한도를 넘어서는 수익에 대해서는 9.9%라는 낮은 세율로 원천징수하여 과세를 끝낸다. 수익과 손실을 서로 상계 처리할 수 있어 과세 대상 금액이 축소되는 장점이 있기 때문에 단기 또는 중기 목돈을 만들 때 효율적이다.

　보통 40대 후반에서 50대 초는 퇴직이 얼마 남지 않았고, 내 집 마련 및 주택담보대출 상환, 자녀 교육 등이 마무리되어 노후 준비를 중점적으로 하고자 하는 니즈가 생기는 연령대다. 이때 ISA로 목돈을 만들어

연금저축펀드에 납입하면 연금자산으로 만들 수 있다.

ISA는 연 2,000만 원 이내로 납입이 가능해 5년간 최대 1억 원까지 납입할 수 있는데, 최소 3년 만기를 채운 계좌는 해지 후 전부 또는 일부를 개인연금저축계좌에 추가로 납입이 가능하다. 연금저축펀드와 IRP를 합해서 연 1,800만 원까지만 입금할 수 있는데, 이렇게 ISA 해지 후 추가 납입한 금액은 입금 한도에 포함되지 않기에 향후 연금으로 수령할 연금자산을 한꺼번에 늘리는 효과를 준다. 이 전환액의 10%(300만 원 한도)에 대해서는 세액공제 추가 혜택도 받을 수 있으므로 은퇴가 멀지 않았다면 이런 방법을 통해 연금자산을 늘리는 것도 추천한다.

퇴직 후 소득 공백을 메울
튼튼한 '3층 시스템'을 구축하라

회사에서는 퇴직했는데 국민연금을 수령하는 65세 전까지 안정적인 소득이 없는 기간을 '소득 크레바스'라 부른다. 크레바스는 빙하의 깊은 균열, 틈을 뜻하는 단어로 눈에 잘 띄지 않지만 빠지는 순간 목숨을 앗아가 버리는 매우 공포스러운 존재다. 이 단어를 소득 공백기에 붙인 걸 보면 퇴직 후 소득 공백이 우리의 생계를 위협하는 공포스러운 존재임을 잘 드러내는 듯하다. 그렇다면 이런 소득 공백은 왜 생기는 걸까?

2023년 11월 KB금융지주가 발간한 〈KB골든라이프 보고서〉에 따르면, 우리나라 직장인의 정년은 법적으론 60세이나 실제 퇴직은 55세쯤 이루어진다. 정년까지 근무해도, 정년까지 근무하지 못해도 65세까지

▶ 직장인들의 실제 은퇴 나이와 경제적 준비를 시작한 시기

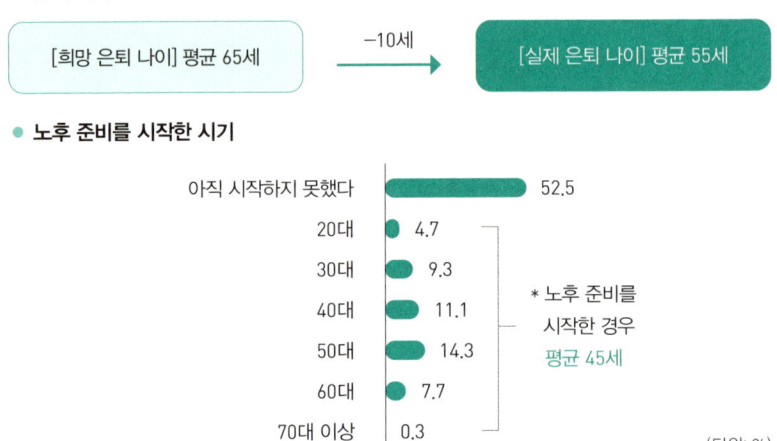

소득 공백이 생길 수밖에 없는 구조다. 만약 50대 초중반에 비자발적인 퇴직을 했다면 국민연금 수령 시까지 무려 10년 넘게 '소득이 없는 기간'을 버텨야 한다.

그러므로 55세부터 64세까지로 예상되는 소득 크레바스 10년의 시기를 대비하기 위해 우리는 튼튼한 3층 시스템을 구축해야 한다. 1층은 앞서 설명한 55세부터 수령이 가능한 개인연금(연금저축펀드)이고 2층은 회사를 다니면서 준비하는 퇴직연금이다.

퇴직연금, 어떻게 운용해야 할까?

우리 부모님 세대는 퇴직금을 일시금으로 받았기 때문에 보통 중간 정산을 받아서 내 집 마련, 자녀 대학교 학비 등을 위해 사용하는 경우가 많았다. 그러다 보니 은퇴 후 안정적인 노후 생활이 어려워 노인 빈곤 문제가 발생하자 정부에서는 2005년부터 퇴직금을 연금으로 수령하는 퇴직연금제도를 도입하였고, 각종 세제 혜택을 제공하여 55세 이후 연금으로 받도록 유도하고 있다.

퇴직연금은 크게 세 가지로 구분할 수 있다. 확정급여형Defined Benefit(이하 DB형), 확정기여형Defined Contribution(이하 DC형) 그리고 개인형퇴직연금인 IRP다. 회사는 DB형이나 DC형 중 선택하거나 두 가지를 모두 도입하여 외부 금융기관에 퇴직급여를 안정적으로 적립하도록 법에서 규정하고 있다.

DB형은 주로 임금 상승률이 높은 대기업에서 채택하는 형태로, 근로자가 아무 신경을 쓰지 않아도 퇴직 시 받게 될 퇴직급여는 '30일분 이상의 평균임금×근속연수'로 정해진다. DC형은 회사에서 직원의 연간 임금총액의 1/12 이상을 근로자의 퇴직연금계좌에 입금하면 해당 근로자가 직접 운용을 하여 퇴직 시점에 받는 방식으로, 퇴직 시 받게 될 급여는 근로자의 퇴직연금계좌 평가액이 된다. 근로자의 투자 운용 결과에 따라 퇴직 시 받는 금액이 달라지기 때문에 적극적으로 계좌를 운용하여 투자 성과를 내는 것이 중요하다.

마지막으로 IRP는 개인형퇴직연금으로, 퇴직 후 회사로부터 받은 퇴직금을 운용하기 위한 계좌다. 직장인이라면 세액공제 혜택을 위해서, 또는 DB형이나 DC형에서 쌓인 퇴직급여를 이체받기 위해 만들어본 경험이 있을 것이다. 소득이 있어야 만들 수 있는 계좌이기 때문에 전업주부는 개설이 불가능하다. 또 여러 증권사에 개설 가능하나 동일 증권사에서는 하나의 계좌만 개설할 수 있다는 특징을 가진다.

그렇다면 퇴직연금을 어떻게 관리하는 것이 좋을까? 대기업이나 공기업처럼 임금 상승률이 높고 정년이 긴 회사에 다니고 있다면 DB형을 선택하는 것이 낫다. DC형을 선택할 수는 있지만, 대기업이나 공기업 특성상 DB형의 임금 상승률을 뛰어넘는 수익을 내기가 현실적으로 어렵기 때문이다.

반면, 이직이 잦은 업종이나 연봉이 낮은 회사에 다니고 있다면 DC형을 선택하여 KODEX S&P500과 KODEX 미국나스닥100 같은 국내 상장 미국 지수추종 ETF를 꾸준히 매수, 운용수익률을 높이기 위해 적극적으로 노력해야 한다.

적립된 퇴직급여는 되도록 55세 이후 연금으로 수령하여 은퇴 시 가용할 수 있는 연금자산으로 쓰는 것이 좋다. 평생 직장 개념이 없어진 요즘은 은퇴 시까지 몇 번의 이직을 경험할 가능성이 크다. 55세 이전에 퇴직하는 근로자는 퇴직급여를 IRP 계좌로 이체받도록 의무화되어 있다. 그러나 상당수의 퇴직자가 이체 직후 IRP를 중도해지하고 퇴직급여를 인출해 사용한다. 이러면 이직이 반복될수록 퇴직급여가 제대로 누적되지 않아, 은퇴 시 활용 가능한 연금자산이 부족해지는 문제가 생길 수 있다.

만약 퇴직급여를 55세 이후 연금으로 수령하면 연금 수령 10년 차까지는 30%, 11년 차부터는 40%의 퇴직소득세를 감면해준다. 또 퇴직소득세를 차감하지 않은 금액은 IRP로 입금된다. 퇴직소득세는 과세가 이연되기에 이렇게 하면 연금으로 인출 전까지 퇴직소득세를 포함한 퇴직급여 전체를 운용하여 추가 수익을 올리는 효과를 볼 수 있다.

건강한 육체와 정신을 가진 뉴 실버, 영원한 은퇴란 없다

소득 크레바스 대비 3층 시스템 중 마지막 3층은 퇴사 후에도 부담되지 않을 만한 작은 일거리를 지속하는 것이다. 과거에는 은퇴 후 아무 일도 하지 않고 지내는 것이 일반적이었다면 지금은 기대수명이 길어지면서 상황이 달라졌다. 현재 한국의 기대수명은 82.7세로, 60세에 은퇴한다면 20년이 넘는 시간이 우리를 기다리고 있다. 20년이면 아이가 태어나 걸음마를 배우고 한글을 배우고 대학을 갈 정도로 긴 시간이다. 50대에 조기 은퇴를 한다면 그 시간은 더욱 길어진다. 의학의 발전으로 갖게 된 여전히 활동적인 신체와 청년과 같은 마음을 지닌 '뉴 실버'가 탄생하는 것이다.

이 뉴 실버 세대는 기존의 사회생활에서 얻은 경험과 노하우를 바탕으로 새로운 일자리를 찾거나 여가를 즐기는 일에도 적극적이라는 점이 특징이다. 우리보다 훨씬 먼저 고령 사회에 들어선 일본의 모습을 살펴보면 이러한 변화를 잘 느낄 수 있다. 후생노동성이 2024년에 종업원 수가 21명 이상인 전국 기업 23만 7,000여 곳을 대상으로 조사한 결과, 70세까지 근무가 가능한 곳이 전체의 31.9%에 달했으며 60세 이상 취업자 비중도 22.1%(6,726만 명 중 1,488만 명)를 돌파한 것으로 나타났다. 우리나라 또한 60세 이상 취업자 비중이 최근 급격하게 증가해 22.4% (2,840만 명 중 637만 명)를 기록했다. 유럽 등 다른 나라들에서도 점점 은퇴 시기를 뒤로 미루는 추세다.

이처럼 실버 인구가 늘어남에 따라 노인 인구를 돌보기 위한 중장년층 일자리 또한 늘어날 것으로 예상된다. 2025년 최저임금인 1만 30원을 기준으로 생각하면 부부가 하루에 3시간씩만 아르바이트를 해도 하루에 약 6만 원, 매월 약 120만 원의 수입이 확보되고 하루에 5시간 정도 한다면 부부 기준 월 약 200만 원의 수입이 확보된다. 월 200만 원의 현금흐름은 수익률을 4%라고 가정한다면 6억 자산을 가진 것과 마찬가지다. 6억 원 이상의 가치를 가진 건강한 육체와 정신을 굳이 썩히기보다 기분 전환이라 생각하고 소일거리를 유지하는 것이 좋다.

소일거리를 통해 55세부터 65세까지 10년 동안 최소 은퇴 생활비인 월 200만 원의 수익만 올릴 수 있다면 그만큼 개인연금 및 퇴직연금계좌에서 생활비로 쓸 금액을 적게 인출할 수 있다. 이런 경우 계좌 잔고가 완만하게 줄어 그만큼 수익이 붙는 기간이 늘어나기 때문에 오래 사는 것에 대한 심리적인 안정감 또한 얻게 된다.

또한 '일을 한다는 것'은 단순히 '돈을 버는 것'만을 의미하지 않는다. 여러 연구 결과들에서 은퇴한 노인은 은퇴하지 않은 노인보다 통계적으로 유의미한 수준에서 높은 우울감을 가지는 것으로 나타났다(〈남성노인의 은퇴와 우울과의 관계〉, 김영선 외, 2020, 《보건사회연구》 40(3)). 그만큼 짧은 노동이라도 '사회 활동'은 단순히 수익을 얻는 것을 넘어 전반적인 삶의 질을 개선시키는 효과를 가져온다.

미국에서도 더 이상 대가족으로 살지 않게 되면서 은퇴 후 1인 가구로 사는 비율이 늘어나 사회적 접촉이 없어 우울증, 인식능력 저하 등으로 의료비가 증가하는 부분이 사회 문제로 대두되고 있다. 미국보다 앞서 이 문제에 직면했던 영국은 사상 초유의 '외로움 담당' 장관직을 신설해 적극 대응에 나서기도 했다.

이런 사례들을 보면 '영원한 은퇴', 즉 '은퇴하여 죽을 때까지 놀고만 싶다'는 개념이 전혀 현실적이지 않음을 알 수 있다. 문제는 나이 먹어서까지 하기 싫은 일, 다니기 싫은 직장을 계속 다니고 싶지는 않다는 심리적 장벽이다. 그렇다면 다소 적은 수입이라도 오래 일하면서 스트레스는 적은 '나만의 천직'을 찾기 위해서는 지금 무엇을 준비해야 할까?

우선은 노트를 꺼내 과거에 경험했던 일 중에 가장 성취감을 느꼈던 일과 그렇지 않았던 일, 앞으로 해보고 싶은 일 등을 쭉 적어본다. 모조리 적다 보면 내가 잘하는 게 뭔지, 돈을 아무리 많이 줘도 하기 싫은 일은 뭔지 그 패턴을 파악할 수 있다. 고용노동부에서 각종 직업 심리 검사를 무료로 진행하고 있으니 워크넷(www.work.go.kr)을 통해 참여해보자. 나를 파악하는 일에 많은 도움이 될 것이다.

이를 바탕으로 동호회 등 비슷한 관심사를 가진 사람들과 함께 활동을 하거나 강의를 들으며 정말 나에게 맞는 분야가 무엇인지 탐색해본다. 이때 나와 맞지 않은 분야는 빨리 제외시켜서 한정된 에너지와 시간을 조금씩 집중시켜나가야 한다. 관심 분야의 멘토를 정해 그들이 어떻게 해나갔는지 벤치마킹하는 것도 추천할 만한 방법이다.

분야가 어느 정도 좁혀지면 관련 자격증을 하나씩 따면서 단순한 흥미와 취미를 넘어 수입을 일으킬 만한 전문성을 갖춰 나가도록 한다. 고용노동부에서 운영하는 고용24(www.work24.go.k)에서 '국민내일배움카드'를 발급받는다면 1인당 5년간 직업 훈련비 300~500만 원을 지원받을 수 있다. 서울에 거주한다면 서울시에서 운영 중인 '40대 직업캠프'(www.50plus.or.kr/s40), '서울시50플러스포털'(50plus.or.kr) 같은 직업 훈련 프로그램들을 적극 활용해보는 것도 좋다.

이 과정은 최소 3~5년의 지속적인 학습과 실행이 필요한 일이다. 그러므로 은퇴 직전에 급하게 시도하기보다 미리 준비하면서 도중에 방향이 맞지 않다면 수정해나가는 유연성을 발휘해야 한다. 궁극적으로 '은퇴 후에도 하고 싶은 일을 하면서 살아갈 수 있는 환경을 구축하는 것'이 중요하다. 나만의 천직을 찾는 과정은 장기적인 라이프스타일을 설계하는 첫걸음이다. 지금이 바로 그 작은 한 걸음을 시작해보자.

연금 활용의 핵심은
전략적인 적립과 인출이다

연금의 적립은 긴 호흡을 갖고 장기간 해야 하는 것으로 결혼과 내 집 마련, 아이 교육 등 생애 사이클에 대한 기본적인 이해가 선행되어야 한다. 이러한 이해 없이 초반부터 무리해서 연금을 적립해나가면 중간에 포기할 가능성이 높고, 본래의 목적을 잊은 채 중도인출의 유혹에 시달릴 수밖에 없다. 특히 정부에서는 연금 적립을 장려하기 위해 각종 세제 혜택을 주고 있는데, 만약 세액공제 혜택을 받은 금액을 중도인출하게 되면 그동안 받은 세금 혜택을 모두 토해내야 한다(기타소득세 16.5% 추징). 그러므로 연금은 얼마나 오래 잘 적립하느냐도 중요하지만 얼마나 똑똑하게 인출하느냐도 매우 중요하다.

돈을 넣어두는 것 자체가 곧 수익이 된다

개인연금(연금저축보험, 연금저축펀드)과 IRP에 돈을 납입했을 때 얻을 수 있는 가장 큰 혜택은 세액공제 혜택이다. 개인연금과 IRP를 합산해서 매년 최대 900만 원까지 세액공제가 가능한데, 총 급여 5,500만 원 이하의 근로소득자가 개인연금에 600만 원, 퇴직연금에 300만 원을 납입한 경우 연말정산 때 최대 148만 5,000원(납입 금액 900만 원×16.5%)의 세금을 돌려받을 수 있다. 다시 말해 이 두 계좌에 돈을 넣어두는 것만으로도 최대 연 16.5%의 수익이 나는 효과를 누릴 수 있다. 또 이러한 환급세액을 전액 연금저축펀드에 재투자하면 긴 시간 동안 복리의 마법으로 자산이 더 불어나는 효과가 있다.

만약 사회 초년생이어서 연봉이 높지 않아 내야 할 소득세가 많지 않

▶ 연금저축과 IRP 세액공제 한도(2025년 2월 기준)

구분	총 급여 5,500만 원 이하 또는 종합소득금액 4,500만 원 이하	총 급여 5,500만 원 초과 또는 종합소득금액 4,500만 원 초과
세액공제 한도	개인연금 최대 600만 원(퇴직연금 합산 최대 900만 원)	
세액공제율 (지방소득세율 포함)	16.5%	13.2%
세액공제 금액	148만 5,000원	118만 8,000원

다면 필요한 세액공제 한도만큼만 납입하고 나머지 저축 여력은 결혼 자금 등 단기 목적 자금을 위해 따로 모아두는 것이 좋다. 뭐니 뭐니 해도 핵심은 중도인출하지 않을 정도의 무리 없는 금액을 장기간 꾸준히 납입하는 것이다. 일단 적은 금액이라도 하루빨리 시작한 뒤, 생애 사이클과 소득 사이클에 따라 추후에 적절하게 납입 금액을 늘려가기를 추천한다.

최대의 혜택을 얻기 위한 계좌 납입 순서

연금으로 세액공제 혜택을 최대한 많이 받기 위해서는 계좌별 납입 순서도 매우 중요하다.

먼저 IRP의 경우에는 총 평가액의 최소 30%를 예금이나 채권 등 안전자산에 투자해야 하는 규정이 있다. 그러므로 젊을 때 좀 더 공격적인 포트폴리오를 구축해 수익률을 높이고 싶다면 제일 먼저 연금저축펀드에 600만 원, 그다음 IRP에 300만 원을 납입하여 최대 세액공제 한도를 맞추는 것이 유리하다. 이렇게 하면 안전자산 투자 비중을 최소로 하면서 미국 지수추종 ETF의 비중을 최대로 채울 수 있다.

또 개인연금과 IRP를 합해 연 1,800만 원까지 입금이 가능한데, 만약 최대 세액공제 한도인 900만 원에서 자금을 더 납입하고 싶다면 연금저축펀드에 나머지 900만 원을 납입하는 것이 좋다. IRP의 경우 중도인출

▶ 추천하는 연금 계좌 납입 순서

[1순위]	[2순위]	[3순위]	[추가 혜택]
연금저축	IRP	연금저축	ISA 전환액 추가 납입
600만 원	300만 원	900만 원	(10% 세액공제, 300만 원 한도)

이 법에서 정한 특별한 사유(무주택자의 주택 구입, 6개월 이상 요양이 필요한 경우, 개인파산·회생, 천재지변, 사회적 재난 등)에 해당되지 않으면 불가능한 데 비해, 연금저축펀드는 세액공제 혜택을 받지 않은 원금은 언제든지 페널티 없이 인출이 가능하기 때문이다.

과세이연과 손익통산 활용하기

이러한 개인연금, 퇴직연금, ISA계좌에서 또 누릴 수 있는 세제 혜택으로는 '과세이연'과 '손익통산'이 있다. 우리가 주로 투자하게 될 국내 상장 미국 지수추종 ETF는 발생한 매매차익과 분배금 모두에 배당소득세 15.4%를 과세한다. 그러나 개인연금과 퇴직연금, ISA계좌를 이용해 이 상품을 매매하면 수익이 발생하더라도 이를 나중에 찾아 쓸 때까지 과세하지 않고 미뤄주기 때문에 세금을 포함한 금액까지 전액 재투자하여 더 높은 수익률을 달성하게 되는 효과가 있다.

또 계좌 내에서 투자한 모든 상품의 수익과 손실을 전부 합산하여 최종 수익에 대해 세금을 매기기 때문에 과세하는 총수익이 줄어들어 세금이 감소하는 효과가 발생한다. 만약 일반 계좌에서 A 상품에 투자하여 400만 원의 수익을 얻고, B 상품에 투자하여 200만 원의 손실을 입었다면 과세 대상 금액은 400만 원이 된다. 하지만 개인연금, IRP, ISA 계좌를 이용해 매매했다면 두 상품의 손익을 계산해 200만 원만 과세 대상으로 잡히게 된다.

이렇게 개인연금과 IRP 계좌를 이용하면 연금으로 수령 시 저율의 연금소득세를 내며, 퇴직소득세 또한 감면받는다는 추가적인 장점이 있다.

인출은 아래 표의 순서에 따라 이루어진다. 1순위는 납입한 금액 중 세액공제를 받지 않은 금액으로, 가장 먼저 인출된다. 그다음으로 퇴직급여를 연금으로 수령한다. 이렇게 하면 원래 내야 할 퇴직소득세를 10년 이내는 퇴직소득세의 30%를, 11년 차부터는 40%를 감면해준다. 마지막으로 그동안 세액공제을 받은 납입 금액과 운용수익을 인출하게 된

▶ 연금저축펀드와 IRP에서 연금 수령 시 인출 순서와 세금

인출 순서	1순위	2순위	3순위
연금 재원	세액공제 받지 않은 납입 금액	퇴직급여 (DB, DC, IRP)	세액공제 받은 납입 금액 + 운용수익
연금 수령	과세 제외	퇴직소득세 (30~40% 감면)	연금소득세 (연령별로 세율 3.3%~5.5%)
연금 외 수령 (일시금)		퇴직소득세 100%	기타소득세 16.5%

다. 이때 55세 이상~70세 미만은 5.5%, 70세 이상~80세 미만은 4.4%, 80세 이상은 3.3%의 저율 연금소득세를 납부하게 된다.

65세 이후, 국민연금과 주택연금으로 소득의 층수를 올리자

우리가 노후 생활비 재원을 파악할 때 간과하기 쉬운 부분이 바로 국민연금이다. 국민연금은 18세 이상 소득이 있는 국민이라면 누구나 의무적으로 가입해야 하는 공적연금이라 강제저축 형태로 월급에서 연금보험료가 원천징수된다. 그런 이유로 내가 평소 어느 정도의 금액을 내고 있는지, 추후 얼마 정도의 금액을 받게 되는지에 대해 제대로 인지하지 못하는 경우가 대부분이다. 따라서 일단 노후에 부부 기준 얼마 정도의 국민연금이 확보되는지 확인해야 은퇴 후 적정 생활비 중 부족 부분을 산출해서 이에 따른 연금 플랜을 세울 수가 있다.

내가 받을 국민연금은 얼마일까?

국민연금공단의 홈페이지를 방문해 내가 받을 국민연금이 얼마인지 알아보자. '국민연금 알아보기'에 들어간 뒤 '예상연금조회' 및 '가입내역조회'를 조회하면 상세 내역을 확인할 수 있다.

나는 과거 직장을 다닐 때는 사업장 가입자로 납부를 했고, 퇴사 후에는 임의가입을 통해 최저 연금보험료인 9만 원을 매월 납부 중이다. 배우자의 경우 현재 재직 중이라 퇴사한 나보다 예상 연금액이 훨씬 많다고 나온다. 여기서 헷갈리면 안 되는 것이 '예상 연금액'이라고 보여주는 금액은 확정된 금액이 아니라는 점이다. 지금의 소득 기준으로 연금을 만 60세까지 계속 납부한다고 가정했을 때의 말 그대로 '예상' 연금액이다.

대기업에 재직 중인 남편이 만 60세까지 현재의 직장을 다니기란 거의 불가능하기 때문에 우리 부부는 국민연금 사이트에서 조회된 예상연금액을 전부 다 고려하기보다 보수적으로 반영해 계산하고 있다. 다시 말해 '87만 1,930원(나의 수령액)+162만 2,080원(남편 수령액)=249만 4,010원'의 80%인 약 200만 원 정도가 만 65세 이후 매월 확보된다고 가정하여 이를 노후 생활비 준비 금액에 반영하기로 했다. 더 보수적으로 잡는다 쳐도 노후 생활비 중 생각보다 많은 금액이 국민연금으로 커버된다는 점을 알 수 있다.

국민연금의 보험료율은 지역가입자와 임의가입자는 기준소득월액의

▶ 국민연금 예상연금액 조회

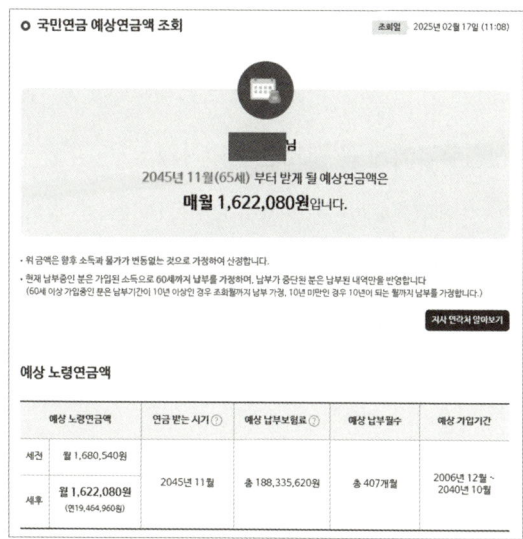

출처: 국민연금 노후준비지원센터〉재무진단〉국민연금 알아보기〉예상연금조회

제4장 [노후 준비] 평생 월급을 만드는 연금 & 보험 세팅 전략

9%를 본인이 다 부담해야 하는 데 반해, 사업장 가입자는 기준소득월액의 4.5%만 내고 나머지 4.5%는 회사에서 부담한다. 퇴직연금도 근무 연수가 길어질수록 앞서 말한 것처럼 차곡차곡 쌓여가니 직장을 다니고 있는 것만으로도 일단 '국민연금'과 '퇴직연금'을 적립하며 노후 준비를 하는 것이라 볼 수 있다. 더구나 맞벌이라면 연금조차 맞벌이로 쌓여가고 있는 셈이니 은퇴 준비에 너무 과한 두려움을 느낄 필요는 없겠다. 외벌이 가정이라면 더 체계적인 은퇴 계획을 세워 노후 생활비 확보에 힘쓰면 된다.

임의가입과 조기노령연금의 활용

소득 없는 전업주부에게 꼭 필요한 임의가입

소득이 없는 전업주부라면 국민연금 임의가입을 하는 게 좋을지 아니면 연금저축펀드를 통해 미국 지수추종 ETF를 적립하는 좋을지 고민될 것이다. 국민연금은 연금납부 기간이 10년(120개월)이 지나야 우리가 흔히 알고 있는 노령연금의 형태로 65세부터 평생 매월 받을 수 있다. 만약 결혼 전이나 아이 낳기 전까지 회사를 다녀 국민연금 가입 이력이 있는데 납부 기간이 10년이 안 된다면 부족한 개월 수만큼 임의가입을 해서 납부 기간을 채우길 권한다.

국민연금은 소득재분배 효과가 있어서 하위 등급이 더 큰 이익을 보는 구조로 설계되어 있기 때문에 소득이 없는 전업주부라면 월 9만 원(2024년 기준 최저 납입 금액)으로 임의가입을 하는 것이 그 어떠한 개인연금보다 수익비를 높일 수 있는 방법이다. 예전부터 재테크 감각이 있다고 소문난 강남 전업주부들의 임의가입과 추후납부(국민연금 가입 후 과거에 납부하지 않은 기간의 연금보험료를 나중에 납부하는 것) 비중이 다른 지역보다 유독 높다는 뉴스를 눈여겨볼 필요가 있다.

국민연금은 납입액보다 가입 기간이 길수록 연금으로 받는 돈이 많이 늘어나기 때문에 납부액을 늘리기보다 추후납부가 가능한 최대 119개월 안에서 최대한 오래 납부하는 것이 좋다. 따라서 최소 9만 원의 연금보험료로 임의가입을 하고 여력이 된다면 국민연금공단에 문의하여 과거 납부하지 않은 연금보험료까지 추후납부하는 것도 좋은 방법이다. 추후납부 이후에도 여력이 되면 그때 연금저축펀드를 만들어 미국 지수 추종 ETF를 적립하는 것이 수익비가 높은 순서대로 노후생활비 재원을 마련하는 방법이다.

추가로 알아두면 좋을 사항이 있다. 국민연금(노령연금)이 60세 이전에 내가 납부한 연금보험료를 돌려받는 형식이라면, 기초연금은 소득인정액이 하위 70%인 가구에 지급되는 무상복지 성격의 연금이다. 기초연금은 만 65세 이상이 되면 신청 후 소득, 재산 심사를 거쳐 결정되는데 이 소득 부분에 국민연금이 반영된다. 2024년 기준 1인 최대 33만 원까지 수령이 가능하며 부부가 동시에 받을 경우 각각 20%의 금액이 감액된다. 그러므로 소득이나 재산이 많지 않아 기초연금을 수령할 가능성이 있는 사람이라면 국민연금에 임의가입하기 전에 국민연금 수령으로 기초연금액이 감액될 가능성이 있는지 공단과 상담한 후 임의가입 여부를 결정하는 편이 바람직하다.

65세 이전에 돈이 필요하다면 조기노령연금으로

만약 소득 크레바스 기간에 건강상의 문제로 일을 하기 어렵거나 개인연금과 퇴직연금의 적립액이 충분하지 않아 기본 생활비 마련이 어렵다면 조기노령연금을 신청하는 방법이 있다. 65세 수급 개시 기준으로 5년 일찍(60세) 받으면 원래 받아야 할 노령연금의 70%를 지급하고, 61세부터는 76%, 62세 82%, 63세 88%, 64세부터는 94%를 지급한다. 즉, 65세부터 정상적으로 받는 노령연금 대비 1년당 6%씩 감액된 금액을 받을 수 있다.

마지막 구원투수, 주택연금

65세가 넘어 더 이상 일을 하기가 힘든데 개인연금, 퇴직연금, 국민연금으로도 노후 생활비가 부족하다 싶을 때 하나 더 받을 수 있는 연금이 있다. 바로 살고 있는 집을 담보로 한 주택연금이다. 가구 자산의 80%가 부동산에 묶여 있는 우리나라의 특성을 감안하면 주택연금에 대한 이해야말로 노후 자금 마련에 필수적인 사항이라고 할 수 있다.

▶ 주택연금 예상 연금액 조회

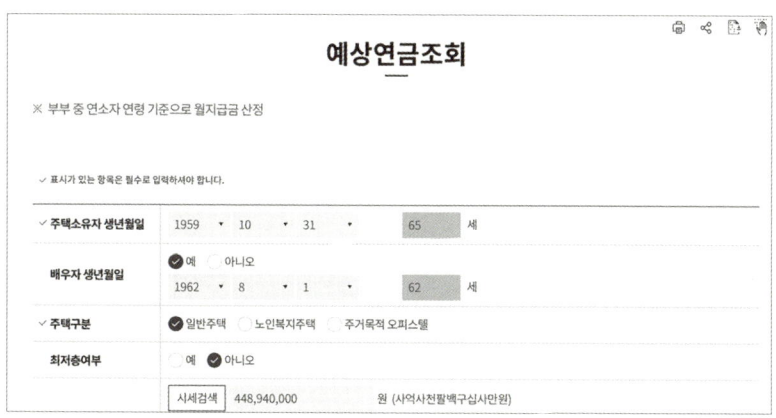

출처: 한국주택금융공사 홈페이지

주택연금이란 내가 살고 있는 집을 담보로 여생 동안 매월 연금을 받을 수 있도록 국가가 보증해주는 제도다. 부부 중 한 명이 55세 이상이고 부부 합산 공시가격 12억 이하의 주택을 소유한 경우 신청이 가능하다. 2025년 9월 말 기준, 가입자 수는 146,710명이며 평균 연령은 부부 가운데 나이가 더 적은 쪽(부부 연소자) 기준으로 72세, 평균 월 지급금은 126만 원, 평균 주택 가격은 약 3억 9,500만 원이다.

주택연금 예상 금액 조회는 한국주택금융공사 홈페이지에서 할 수 있다. 위 자료는 2024년 3월 기준, 가구당 순자산이 4억 4,894만 원이고 실거주 형태로 집을 보유하고 있는 가구의 예상 연금액을 산출한 것이다. 시세 4억 4,894만 원의 주택으로 65세부터 연금을 받는 '종신 지급' 방식을 선택해서 예상 연금액을 조회해본 결과, 동일한 금액을 수령하는 정액형 기준 95만 9,510원, 즉 월 약 100만 원이 확보되는 것으로 나타난다. 부부 중 한 명이 55세일 때부터 신청 가능하나, 65세보다 10년을 앞당겨 받으면 정액형 기준 매월 약 53만 원으로 수령액의 차이가 꽤 크다. 그러므로 주택연금은 최후의 보루라 생각하고 최대한 늦게 가입하는 것이 좋다.

주택연금은 가입한 후 주택 가격이 하락해도 가입 시점에 산정된 연금을 계속 받을 수 있다. 그러므로 주택 가격이 정점을 찍고 앞으로 하락할 것으로 예상될 때 가입하면 효율을 극대화할 수 있다. 무엇보다도 내 집에서 안정적으로 살면서 매월 일정 금액의 현금흐름이 확보된다는 것이 큰 장점이다.

주택연금은 매월 연금으로 지급받는 형태이긴 하지만, 사실 엄밀히 따지면 주택을 담보로 하는 후불제 대출 상품이다. 그래서 이자를 별도로 내진 않으나, 주택연금을 받는 부부가 모두 사망하면 주택을 처분해 정산한다. 매달 받는 연금에 대출이자가 월 복리로 계산되어 주택연금에 가입하는 기간이 길수록 내야 할 이자도 상당히 불어나지만, 부부 모두 사망 시 주택 처분 금액이 연금 지급 총액(월 지급금 누계+보증료+대출이자)에 미치지 못하더라도 그 부족분을 채무자(상속인)에게 별도로 청구하지 않는다. 반대로 주택 처분 금액이 연금 지급 총액을 정산하고도 남는 부분이 있다면 채무자(상속인)에게 돌아가게 된다. 따라서 만약 내가 가진 노후 생활비 재원으로 생활비 조달이 충분히 가능하고, 내가 가진 주택이 향후 오를 가능성이 있는 우량자산이라면 굳이 주택연금에 가입하지 않는 것이 좋다. 대출이자가 월 복리로 쌓이는 구조라 부부 사망 이후 상속하는 과정에서 주택의 잔존가치가 크게 떨어지기 때문에 주택연금에 가입하지 않고 자녀에게 온전히 상속으로 가는 것이 더 이득이다.

    이러한 사실들을 고려하면 지방 소도시 내에 위치한 주택, 수도권 외곽의 구축 아파트 등 매도가 어려운 주택의 경우에는 주택연금을 신청해서 연금을 받는 것이 유리하다. 혹은 서울에 살고 싶지만 돈이 부족하다면 빌라나 오피스텔을 구입 후 거주하면서 주택연금을 받는 것도 고려해볼 수 있다. 또 내가 보유한 주택이 우량자산이긴 하지만 금융자산이 하나도 없고 보유자산의 규모가 상속할 여유까지는 되지 않는다면 그 주택을 처분 후 주택연금을 받기 위한 적당한 시세의 주택을 매수한 뒤 주택연금을 신청하는 것도 하나의 방법이 될 수 있다. 거주 비용도 해결하면서 매월 일정한 현금흐름을 확보하고 나머지 현금 또한 연금화하면 풍요로운 노후 생활을 보낼 수 있다.

친한 동생에게만 알려주는
가장 현실적인 노후 플랜

경기도 외곽에서 어린 두 아들을 키우며 육아에 고군분투하고 있는 친한 동생 A가 있다. 아이들이 아직 어려 손이 많이 가는 터라 체력적으로 힘들지만 도우미를 쓰기엔 월급이 빡빡해 어쩔 수 없이 육아에 전념하고 있는 친구다. 외벌이에 아이 둘을 키우는 입장이다 보니 그녀는 나를 볼 때마다 막연히 노후에 대한 불안감과 두려움을 내비치곤 했다. 외벌이가 아이 둘을 키우며 노후 준비를 한다는 것은 언감생심 꿈도 꾸지 않는다는 동생에게 오늘부터 당장 실천할 수 있는 현실적인 노후 플랜을 짜주기로 했다.

외벌이 4인 가구 맞춤 노후 플랜

동생의 현재 상황은 이랬다. 남편은 35세, 연봉은 약 6,000만 원으로 실수령액은 약 440만 원 정도 된다. 두 아들은 각각 4세, 2세이며 아직 어려서 사교육비는 들어가지 않는 상황이다. 경기도 외곽 신축 아파트에 전세로 살고 있으며, 보증금은 3억 원으로 이 중 대출은 없다. 곧 계약 만기가 다가와 전세금을 조금이라도 올려줘야 한다면 이사를 가야 할 수도 있는 상황이었다.

1. 영끌 안 해도 내 집 마련 할 수 있어

두 아이를 키우면서 전세 만기 때마다 이사를 다니는 것이 굉장히 고생스러운 일임을 알기에 만기에 맞춰 내 집 마련을 추천했다. 주변의 준신축 아파트로 시세 4억 5,000만 원의 주택을 자기자본 3억 원에 주택담보대출 1억 5,000만 원을 받아서 매입할 계획이다. 동생의 남편은 55세에 퇴직을 할 것으로 예상되어 퇴직할 때까지는 대출 상환을 완료하길 희망하고 있다. 주택담보대출의 예상 대출금리는 3.5%로 20년간 원리금 균등상환 시 월 원리금 상환액은 약 87만 원이며, 이는 월급의 약 20%를 차지한다.

향후 담보대출 상환 후 은퇴 생활비가 모자랄 경우 주택연금의 재원으로 사용하는 것도 고려 중이다.

2. 지금부터라도 국민연금 임의가입을 시작해

두 번째는 국민연금 납입이다. 동생의 경우 결혼 전 회사에 다녀서 국민연금 가입 이력이 있다. 총 가입 기간이 10년 이하여서 향후 노후에 연금으로 받으려면 가입 기간을 최소 10년으로 늘릴 필요가 있다. 추후납부를 하여 가입 기간을 최대한 늘리는 것이 좋지만, 추가 납부할 여력까지는 되지 않아 임의가입을 통해 최소가입액인 월 9만 원씩을 지금부터라도 납부하기로 했다. 국민연금은 물가상승률도 반영해주기 때문에 65세 이후 부부가 함께 국민연금을 받게 된다면 은퇴 생활비 마련에 큰 도움이 될 것이라고 설득했다.

3. 세액공제 혜택을 알뜰히 챙겨봐

그동안은 아이를 키우느라 정신이 없어 세액공제 혜택도 제대로 챙기지 못했는데, 체크해보니 남편 명의의 IRP가 있었다. 과거에 세액공제 혜택을 위해 몇 번 소액으로 납입한 뒤 그대로 방치해둔 터라 적립액은 의미가 없는 수준이어서 증권사에 새로 연금저축펀드를 개설하도록 조언했다. 연금저축펀드와 IRP를 합쳐 연 900만 원까지 납입하면 좋겠지만 그 정도 납부 여력은 되지 않아 우선 연금저축펀드에 현재부터(35세) 20년간 매월 말 50만 원씩 납부할 것을 권유했다. 대신 연금계좌에서 세액공제 혜택을 받고 환급받은 세액은 다시 이 연금저축펀드에 전액 재투자하는 것을 추천했다. 매월 50만 원씩 납입하여 국내 상장 미국 지수 추종 ETF 중 시가총액이 현재 기준 가장 높은 'KODEX 미국S&P500'과

'KODEX 미국나스닥100'을 반반씩 매수해서 모아가기를 권했다.

20년간 연 8%의 운용수익률, 물가상승률 3%를 가정하면 55세 시점에 연금저축펀드의 평가액(세전)은 약 3억 2,000만 원이 될 것으로 예상한다. 이 금액을 55세부터 80세까지 25년간 인출해서 은퇴 생활비로 사용할 예정이다. 이렇게 세팅하면 첫해의 인출 금액 약 2,243만 원(매월 약 187만 원)을 시작으로 매년 물가상승률만큼 상승된 금액을 80세까지 인출할 수 있다(계산상의 편의를 위해 세금은 고려하지 않았다).

퇴직급여의 경우 동생 남편의 회사는 확정기여형 퇴직연금을 도입했는데 동생의 남편이 금융 관련 지식이 전무하여 낮은 이율의 정기예금 상품에 가입하는 등 그동안 퇴직급여계좌를 거의 방치해놓은 수준이었다. 앞으로 이 DC형 퇴직급여계좌에서도 위의 연금저축펀드와 같이 미국 지수추종 상품을 모아갈 예정이다.

동생의 남편은 앞으로 연봉을 높여 이직할 계획도 있었다. 다만 55세 퇴직 시 어느 정도의 퇴직급여가 쌓일지 예측이 어려워서 2024년 8월 미래에셋 투자와 연금센터가 50대 직장인 1,000명을 대상으로 조사한 결과치를 참고했다(출처: 미래에셋 '투자와 연금 리포트' No. 67, 2024. 8. 19 발간). 이 설문 조사에 따르면 DC형(확정기여형) 퇴직연금 가입자는 은퇴 시점에 평균 약 1억 4,916만 원의 퇴직연금 자산을 보유할 것이라 답했다. 이 은퇴 자산을 55세부터 80세까지 25년간 연 8%의 운용수익률, 3%의 물가상승률을 가정하여 인출하는 방식으로 계산하니, 은퇴 첫해 약 1,043만 원(매월 약 87만 원)을 시작으로 매년 물가상승률만큼 상승된 금액을 80세까지 인출할 수 있는 것으로 나왔다.

4. 아동수당 200% 활용법을 알려줄게

동생은 두 아이 앞으로 나오는 아동수당 20만 원을 지금까지 아이 명의의 자유입출금 통장에 잘 모아두고 있었다. 나는 자유입출금 통장은 아무런 혜택이 없으니 연금저축펀드를 개설해(연금저축펀드는 미성년자도 비대면으로 계좌 개설이 가능하다) 동생 남편의 연금저축펀드와 동일하게 미국 지수추종 ETF를 매월 사주라고 조언했다. 연금계좌별 투자 방법을 통일시킴으로써 시간과 노력의 투입을 최소화했다.

현재는 아이들이 어려 육아에 전념하고 있지만 동생은 아이들이 초등학교에 들어가면 맞벌이를 해서 수입도 늘리고 그 돈으로 사교육도 시키고 본인의 국민연금도 더 많이 넣고 싶어 했다. 나는 아이가 어린이집에 가 있을 시간 동안 관심이 있는 직업 교육 훈련을 찾아볼 것을 제안했고, 정부에서 지원하는 '내일배움카드'를 통해 직업 훈련에 필요한 교육비를 절감하는 방법도 알려주었다.

예상 현금흐름을 알면 삶의 불안이 줄어든다

다음은 나의 조언을 바탕으로 재구성한 동생네 가족의 예상 가계부다.

이렇게 정리해보면 남편 월급에서 노후 준비에 사용되는 금액은 주택

▶ 가계부 수정안

남편 월급	440만 원 (연봉 약 6,000만 원)
주택담보대출 원리금	87만 원
국민연금 아내 임의가입	9만 원
연금저축펀드	50만 원
보험료, 관리비	45만 원
생활비(식비 포함)	150만 원
아이 관련 비용(어린이집)	20만 원
남편·아내 용돈	40만 원
경조사 및 예비비	39만 원
잔액	0원

담보대출 원리금 중 원금 상환 부분(약 50%인 43만 5,000원), 동생의 국민연금 보험료 9만 원, 그리고 연금저축펀드 50만 원으로 총 102만 5,000원이다. 이는 월소득의 약 23%로, 노후 준비를 위해 사용하는 아주 미래 지향적인 상황으로 바뀌었다. 그렇다면 향후 동생네 가족의 예상 노후 현금흐름은 어떻게 될까?

55세에 동생 남편이 은퇴하면 국민연금 수령이 시작되는 65세까지 소득 크레바스 기간이 있지만 잘 모아둔 퇴직연금, 개인연금을 이때 인

▶ **예상 노후 현금흐름**

소득 항목/연령	55세~65세	65세~80세	80세~
국민연금(남편+아내)		200만 원	200만 원
퇴직연금	87만 원	87만 원	
개인연금	187만 원	187만 원	
근로소득	200만 원		
주택연금			183만 원
총 합계	474만 원	474만 원	383만 원

출해서 쓰면 된다. 55세부터 65세까지는 부부 모두 약간의 아르바이트를 통해 200만 원 정도를 벌면 월 474만 원이라는 훌륭한 현금흐름이 만들어질 수 있다.

또 동생이 아이들이 초등학교에 입학하면 다시 직장을 다닐 계획이라 그때부터 열심히 국민연금을 불입해서 부부 합산 월 200만 원의 국민연금 수령을 목표로 하고 있다. 그러니 65세부터는 일을 하지 않아도 국민연금 수령으로 이를 대체, 동일한 현금흐름을 얻을 수 있다.

80세 이후부터는 연금으로 인출할 은퇴 자산의 고갈이 예상되기에 지금 살고 있는 집으로 주택연금에 가입하는 상황을 가정했다. 주택금융공사 홈페이지에 들어가 현재 매입할 주택 시세로 시뮬레이션해본 결과, 월 183만 원 정도를 받을 수 있다는 계산이 나왔고 이를 국민연금과 합치니 월 383만 원이라는 현금흐름이 만들어졌다.

　노후에 대해 막연한 불안감을 가지고 있던 동생은 내가 위와 같이 예상 현금흐름을 정리해주자 예상보다 훌륭한 결과에 안심이 되면서 더 큰 목표가 생긴다고 말했다. 앞으로 가계부도 열심히 작성해서 불필요한 지출을 줄이고 공모주 등 소소한 재테크 공부도 열심히 해서 작은 수익이라도 올린다면 IRP 계좌까지 개설, 연금저축펀드와 합쳐 최대 세액공제 금액인 월 75만 원까지 불입액을 올려보겠다고 했다. 또 나중에 맞벌이를 하게 되면 자기 명의의 연금저축펀드도 개설해 나중에 쓸 연금 자산을 더 많이 적립해보겠다는 목표도 생겼다고 했다.

　이처럼 예상 현금흐름을 구체적으로 그려보면 단순히 불안감을 덜어내는 데 그치지 않고, 앞으로 어떤 선택을 해야 할지에 대한 방향이 잡힌다. 노후 준비를 위한 나만의 나침반이 만들어지는 것이다. 노후 준비는 막연히 두려워하기보다 숫자로 확인하고 조정할 때 훨씬 현실적이고 실천 가능한 계획이 된다는 점을 잊지 말자.

| 부록 |

Q&A로 보는 자녀 주식계좌 세팅법과 증여 노하우

노후 준비의 최대 복병은 바로 자녀 지원이다. 보통 직장을 퇴직하고 은퇴를 할 시기에는 자녀가 아직 학업을 다 마치지 못한 대학생이거나 미혼의 사회 초년생인 경우가 많다. 최근에는 갈수록 취업이 어려워 재정적으로 독립하기까지 오래 걸리기도 하고, 한국 정서상 결혼할 때 어느 정도 부모의 지원을 염두에 두고 있는 경우도 많아서 더 많은 돈이 들어가곤 한다. 그래서 자녀에게 들어가는 재정 지원과 관련한 부분들이 노후 준비에 최대 걸림돌이 되는 것이 현실이다.

하지만 오랫동안 잘 준비한다면 나의 노후 준비에 걸림돌이 되지 않으면서도 자녀가 사회생활을 시작할 때 어느 정도의 마중물을 마련해줄 수 있다. 바로 하루라도 빨리 자녀 명의의 주식계좌를 개설해서 해외주식을 사주고 '시간'에 투자하는 방법이다.

2025년 1월 〈매일경제〉와 미래에셋증권이 미성년자 약 18만 명의 계좌를 조사한 결과, 해외주식을 보유한 경우 평균 수익률이 34.8%로, 국내주식 평균 수익률인 -2.7%보다 월등한 성적을 보였다. 이는 한국에 국한되지 않고 넓은 세계로 시야를 확장해 경제 성장률이 더 높은 국가의 주식을 사주면 어릴 때부터 충분히 높은 수익을 올릴 수 있음을 잘 보여준다.

자녀 명의 주식계좌 개설하기

미성년자도 앞에서 설명한 것처럼 증권사 지점을 방문하지 않고 비대면으로 주식계좌를 만들 수 있다. 부모 명의의 스마트폰과 통장으로 인증을 받고 부모 신분증, 가족관계 증명서, 기본 증명서 등을 준비하여 각 증권사 앱을 통해 계좌를 개설하면 된다. 요즘엔 각 증권사에서 미래의 고객을 먼저 유치하기 위해 미성년자 계좌 개설과 관련된 이벤트를 많이 진행하고 있으니, 반드시 개설 전 각 증권사의 이벤트 부분을 체크해 보길 권한다.

자녀 명의 주식계좌 증여 시 Q&A

최근 몇 년간 미국주식 열풍에 사전 증여 바람까지 불면서 '미성년자 증여재산공제 2,000만 원' 제도를 활용해 투자를 하는 사람들이 늘었다. 각종 블로그나 유튜브를 보면 현금 2,000만 원을 비과세로 아이에게 증여한 후 폭발적으로 상승하는 미국주식에 올라타 수익을 크게 얻은 사람들의 인증이 넘쳐난다. 주변에 이런 방법을 많이 추천했을 때 공통적으로 받았던 질문들을 정리해보았다.

Q1. 한 번에 꼭 2,000만 원을 증여해야 할까요?

A. No. 미성년자 증여재산공제 한도는 10년마다 2,000만 원이다. 그러므로 꼭 한 번에 그 한도 2,000만 원을 다 채울 필요는 없다. 대부분의 중산층 가정에서 자녀가 한 명이어도 어려운데 두 명이나 셋이 되면 한꺼번에 2,000만 원씩을 증여해서 미국주식을 매수해주기란 현실적으로 매우 어렵다. 하지만 최대한 빠르게 시작하는 것이 '복리의 힘'을 느끼기에 가장 중요한 요소이므로 여력이 될 때까지 기다리기보단 일단 지금 있는 돈으로 당장 시작하기를 추천한다. 분명 아이가 어릴 때 친인척들로부터 받은 용돈을 모아둔 예금통장 같은 것이 있을 것이다. 거기에 있는 돈을 아이 명의의 주식계좌로 이체하는 것부터 시작하면 된다.

Q2. 소액인데 증여세 신고를 꼭 해야 할까요?

A. Yes. 증여세 신고는 반드시 해주는 것이 좋다. 자녀 명의의 주식계좌로 현금을 이체한 후, 현금 증여로 신고한 다음 주식을 매수하는 방법이 가장 안전하다. 많은 블로그나 유튜브에서 소액은 신고하지 않아도 된다는 내용을 본 적이 있는데 만약 신고하지 않을 경우 내가 매수해준 금액이 아닌 훗날 주식평가액 모두가 증여가액으로 잡힐 여지가 있다. 그러므로 증여와 관련해서는 무조건 보수적으로 접근하는 편이 안전하다. 나는 아이의 계좌에서 매수한 종목들이 장기간 보유하면 매우 오를 거라는 확신이 있어서 추후 분쟁의 여지를 남기지 않기 위해 소액이라도 모두 신고했다.

Q3. 돈을 이체할 때마다 증여세 신고를 해야 하나요?

A. Yes. 증여세 신고 및 납부 기한은 증여일이 속하는 달의 말일로부터 3개월 이내다. 만약 1월 15일에 증여가 이루어졌다면 해당 증여에 대한 신고는 4월 30일까지 완료하고 납부해야 한다. 보통 설 세뱃돈, 생일, 추석, 크리스마스 등 용돈 시즌이 있는데 나는 그때마다 증여세 신고를 하기 귀찮아서 주변에서 받은 용돈 내역을 잘 기록해둔 후 내 계좌에 입금해두었다가 상반기와 하반기에 한 번씩 아이 명의 계좌로 한꺼번에 이체 후 이체 내역을 캡처하여 증여세 신고를 했다. 증여세 신고는 홈택스에서 간단하게 할 수 있으며 증여세 신고하는 방법은 검색하면 상세하게 나오니 참고하자.

Q4. 지금 당장은 목돈이 없어 아이 앞으로 들어오는 아동수당이나 월 10~30만 원씩을 아이의 주식계좌로 이체해서 미국주식을 사주고 싶은데 가능한가요?

A. Yes. 매월 10~30만 원씩 자녀 명의의 주식계좌에 이체해 미국 주식을 매수해주는 것은 '유기정기금 증여'로 볼 수 있으며, 이는 합법적인 증여 방식이다. 유기정기금 증여란, 마치 적금을 붓듯이 매달 일정 금액을 자녀에게 증여하는 방식으로 국세청 홈택스를 통해 증여세 신고를 하면 문제없이 인정된다.

Q5. 아이 명의의 주식계좌로 매수, 매도를 자유롭게 해도 되나요?

A. No. 가능하면 매수만 하고 매도는 하지 않는 것이 좋다. 미성년자의 계좌로 자주 사고파는 트레이딩 매매를 하게 되면 추후 부모의 '명의신탁' 계좌로 세금 당국의 오해를 살 여지가 있다. 따라서 장기투자에 적합한 종목을 선택하여 '매수'만 하기를 권한다. 그렇기에 장기간 보유할 만한 종목을 선택하는 것이 굉장히 중요하다. 앞서 설명한 미국 지수추종 ETF(SPY, QQQ) 매수를 추천한다. 나의 경우 아이 명의의 주식계좌로 매수를 시작했을 때 미국주식의 개인 투자가 대중화되기 전이라 중국 개별 주식으로 시작을 했는데 그중 몇 종목은 아직도 마이너스 수익률을 기록하고 있다. 그 후에 미국 개별 주식도 매수해서 성공했으나, 이것도 결과론적으로 행운이었던 것을 나중에야 깨달았다. 2004년 시가총액 1위가 GE였

고, 2010년 시가총액 1위는 엑손모빌, 2016년 시가총액 1위는 애플이었다. 이렇듯 상위 기업도 그 기업이 속한 산업의 흥망성쇠에 따라 계속 바뀌는데 아이 명의의 계좌로 자유롭게 거래하지 못하는 상황에서 어떻게 향후 10년간 계속 1등 할 기업을 고를 수 있을까? 이런 이유로 지금 막 아이에게 증여 후 미국주식을 매수하려고 하는 사람에겐 자동적으로 종목 리밸런싱이 이루어지는 미국 지수추종 ETF인 SPY와 QQQ를 추천하고 있다.

Q6. 아이 명의의 연금저축펀드를 개설해 유기정기금 증여를 할 수 있나요?

A. Yes. 아이 명의의 주식계좌로 만약 미국 개별 주식을 사지 않고 미국 지수추종 ETF로 종목을 선정했다면, SPY와 QQQ는 2025년 10월 기준 모두 한 주에 600달러가 넘어 소액으로 하는 적립식 투자에는 조금 부담이 될 수 있다. 이럴 경우 각 증권사의 소수점 매매를 통해 적립하는 방법도 있지만, 아이 명의의 연금저축펀드 계좌를 개설해서 국내 상장 미국 지수추종 ETF를 사주는 것도 좋은 방법이다. 국내 상장 미국지수 ETF의 경우 한 주당 약 2만 원 전후로 주가가 형성되어 있어 소액으로 적립하는 데 부담이 없고, 아이의 경우 세액공제 혜택을 받은 적이 없기에 향후 중도해지를 해도 납입 원금에 대해서는 페널티가 없다(운용수익에 대해서만 16.5%의 기타소득세 부여). 미국 지수추종 ETF인 SPY, QQQ를 매수할 경우 향후 매도할 때 내야 할 양도소득세가 수익금의 22%(기본공제 250만

원 제외)임을 감안하면 연금저축펀드가 세금적으로도 유리한 측면이 있다. 또한 아이가 해지하지 않고 계좌를 계속 이어나가 노후 준비를 하루라도 빨리 시작할 수 있도록 해준다는 장점도 가진다. 아이가 추후 만 55세부터 연금으로 받을 경우에는 3.3~5.5% 정도의 저율 연금소득세가 부과되므로 이 또한 절세 측면에서 매우 유리하다.

일찍 시작하고 꾸준히 매수하라

나는 현재 중학생인 아이가 아주 어릴 때 우연히 은행에 갔다가 아이 이름으로 청약통장을 만들면 1만 원의 바우처를 준다는 은행원의 말에 아이 명의의 청약통장을 처음 만들었다. 청약통장이긴 하지만 이율이 조금 높은 편이라 아이의 돈을 저축하면 된다는 당시 은행원의 설명에 돌잔치 때 하고 남은 돈, 생일과 명절, 크리스마스 때 양가 부모님과 친척들이 아이에게 준 용돈 등을 이 통장에 그냥 저축해놓았다. 단순히 이율이 얼마인지보다 막연히 아이 앞으로 들어온 돈을 절대 건드리지 않고 아이의 미래를 위해 모아두는 행위에 뿌듯했던 것 같다.

그러다 자산운용사로 이직하면서 금융 및 투자에 눈을 뜨게 되었다. 이때 아이 청약통장의 낮은 이율을 보고 해외주식을 사야겠다고 결심했고 청약통장을 해지한 돈으로 주식계좌를 만들었다. 아이의 계좌로는

▶ 자녀계좌 해외주식 잔고 현황(2025.10.09 기준)

매도를 하지 않고 계속 모아가기만 했더니 자주 트레이딩하는 내 계좌보다 오히려 돈이 부쩍 늘어나는 게 보였다. 그때부터는 재미가 들어 아이 앞으로 들어온 용돈, 아이가 병원에 갔다 온 후 실비 보험을 청구해서 받은 보험료, 미리 사놓은 주식들로부터 받은 배당금 모두를 다시 아이 계좌에 넣어 주식을 계속해서 사 모으고 있다.

이 계좌의 엔비디아 평균 매수단가를 보면 약 5달러다. 액면분할을 통해서 지금의 170주에 이르렀고, 팔란티어의 경우 평균 매수단가가 약 21달러, 애플 또한 평균 매수단가가 약 49달러다. 세 종목의 매수 금액은 당시 기준 약 2,943달러로, 당시 환율을 1,150원으로 가정하면 약

338만 원어치였다. 현재 세 종목의 평가금액은 4만 6,674달러에 이른다. 주가 상승과 더불어 환율도 약 1,400원대로 올라 세 종목으로만 약 6,223만 원의 평가수익을 기록하고 있다. 이렇게 일찍 시작해 시간에 투자하기와 꾸준히 매수하기, 이 두 가지 기본만 충실하게 지켜도 내 노후를 방해받지 않고 아이에게 안정적인 미래를 선물해줄 수 있다.

| 에필로그 |

나만의 속도로 완주하는 돈 걱정 없는 삶

경제적으로 안정이 되어도 삶에 대한 불안은 쉽게 사라지지 않는다. 몇 년 전, 법륜스님의 '즉문즉설'에서 들었던 누군가의 고민이 바로 그런 마음을 잘 보여준다.

> 저는 앞만 보고 정말 열심히 살았습니다. 그래서 경제적으로 자리를 잡아 안정적인데 뭔가 모르게 불안합니다. 제가 욕심이 많은 편도 아니고 소소한 것에 만족하는 삶을 살고 싶고 딱히 부족한 것도 없고 결핍도 없는데 별로 행복하다는 생각이 들지 않습니다. 손가락 사이로 빠져나가는 기분입니다.

이에 법륜 스님은 다음과 같은 대답을 들려주었다.

> 버스를 타고 가다가 사고가 났어요. 팔이 부러져서 아픈데 주위를 둘러보니 다 죽고 나 혼자 살았으면 '아, 재수 좋다'라고 생각할 거예요. 그런데 팔이 부러지고 주위를 둘러보니 아무도 안 다치고 나 혼자만 팔이 부러졌으면 '재수 없다'라고 생각하게 되겠죠. 팔이 부러진 건 똑같고 팔 부러진 건 행운도, 불행도 아닌데 다른 사람하고 비교하면서 행복이다, 불행이다 생각해요. 이런 건 굉장히 위험한 생각이에요. 사람들은 다 그래요. 처음부터 죽기 살기로 하지 말아야 하는데, 뭐가 있는 줄 알고 죽기 살기로 살아요. 막상 도착해보니 아무것도 없으니까 지금 허전한 거예요. 그런데 처음부터 거기 없었어. 행복은 미래에 도달해야 할 목표가 아닙니다. 지금 이 순간, 살아 숨 쉬고 있다는 사실만으로도 우리는 이미 행복 속에 있습니다. 행복한데 행복한 줄 모르면 불행이 와서 가르쳐줍니다.

종일 돈 이야기에 둘러싸여 지내다 보면 이런 말씀이 더 크게 다가온다. 친구들과 만나면 코인으로 큰돈을 벌어 퇴사한 동료 이야기가 나오고, 아들 친구 엄마들과는 학군지 아파트가 20억 원을 넘었다는 얘기를 한다. 유튜브에는 "가난은 죄"라며 몇 년 만에 100억 번 비법을 알려주겠다는 영상이 넘쳐난다. 그러다 보면, 최소 몇십억 원은 있어야 남들처럼 집도 사고, 은퇴 후 여행도 하고, 손주들 용돈도 주며 살 수 있을 것만

같아 마음이 불안해진다.

하지만 그 '남들'의 실체는 예상과 다르다. 대한상공회의소가 2025년 6월에 발표한 〈세대별 소비성향 변화와 시사점〉 보고서를 보면 20~30대의 월평균 소비액은 248만 원이다. 또 2023년 NH투자증권 100세 시대 연구소에서 발표한 '노후 소득 피라미드'에 따르면, 월소득 198만 원 이하 세대가 절반 이상을 차지한다. 월소득 372만 원 이상은 상위 10% 정도에 해당하니 200~300만 원 정도의 소득을 만들 수만 있다면 중간 이상의 생활을 하는 것이다. 현실을 알고 나면, 불안 때문에 무작정 달릴 필요는 없다는 사실을 알게 된다.

이 사실을 받아들이면 전력질주하는 대신 나만의 호흡으로 인생을 달려 나갈 수 있다. 그리고 그렇게 할 때 나에게 더 중요한 것들을 생각하고 올바른 선택을 내릴 수 있다. '무엇을 위해 돈을 모으는지', '나답게 산다는 건 무엇인지' 이 질문에 답하며 하루하루를 쌓아가는 것이 결국 인생이다.

이 책이 불안에 휘둘리지 않고, 나만의 속도로 끝까지 걸어갈 수 있도록 여러분 곁에서 호흡을 맞춰주는 페이스메이커가 되기를 진심으로 바란다.